10 SHORT STORIES IN PORTUGUESE (B2)

SUSANA MORAIS

STORYGLOT

CONTENTS

COMO USAR ESTE LIVRO

Bem-vindo ao mundo das histórias em português! Aprender português a ler histórias é a melhor maneira de consolidares o teu conhecimento e de aumentares o teu vocabulário.

Esta história é aconselhada para estudantes de português europeu de nível B2.

Este livro permite-te:

- melhorar a compreensão da escrita e do oral
- consolidar os tópicos gramaticais
- aumentar o vocabulário

Este livro está dividido nas seguintes partes:

- história em português com glossário
- exercícios e soluções
- áudio da história; o link para o download dos ficheiros de áudio encontra-se no fim do livro

Como trabalhar com este livro

Para otimizares a tua aprendizagem ao usares este livro, eu recomendo seguires os seguintes passos:

1. Lê a história em português sem ajuda. É importante leres a história uma primeira vez sem a pressão de tentar descodificar o significado de cada palavra. Diverte-te!
2. Lê a segunda vez com a ajuda do glossário.
3. Volta a ler a história em português sem ajuda.
4. Resolve o exercícios.

Como complementar o livro com o áudio:

1. Ouve o áudio da história sem ajuda.
2. Ouve o áudio da história e lê o texto simultaneamente.
3. Volta a ouvir o áudio da história sem ajuda.

Ideias para exercícios adicionais

- Faz um ditado (ouve o áudio e escreve o que ouves). Compara o que escreveste com o original e faz a correção.
- Escreve um sumário da história.
- Escreve a continuação da história. O que é que aconteceu a seguir?
- Escreve um fim alternativo para a história.
- Prepara uma apresentação oral sobre a história. Imagina que vais contar a história a um amigo.
- Volta a escrever a história no presente ou no passado, ou muda o ponto de vista para a primeira pessoa singular (eu), para a segunda pessoa singular (tu), para a primeira pessoa plural (nós), etc.
- Faz uma lista do vocabulário novo que aprendeste e escreve frases novas.

HISTÓRIA 1

O PRESENTE

Faltavam[1] dois dias para o Natal. O Pai Natal estava sentado no seu cadeirão em frente à **lareira**[2]. **Tinha um ar pensativo**[3] e o seu chocolate quente estava a **arrefecer**[4] ao seu lado. Lá fora os flocos de neve **escorriam**[5] no vidro da pequena janela.

Alguém **bateu à porta**[6] da sala. Como ninguém respondeu, **voltaram a bater**[7].

— Entre! — disse finalmente o Pai Natal.

A porta abriu, mas o homem de barba branca não viu ninguém a aparecer. Quando olhou para baixo, viu um pequeno elfo a **espreitar**[8].

— O que é que queres? — perguntou o homem.

— Desculpe, mas... — o elfo estava **atrapalhado**[9] — faltam dois dias para o Natal.

— Sim, e?

— Bom, a logística, sabe?

— **O que é que tem**[10]?

— **Por esta altura**[11] o senhor devia estar a **rever**[12] as listas de prendas. Para confirmar que está tudo certo.

O Pai Natal **encolheu os ombros**[13]. Os seus olhos brilhantes estavam presos nas **labaredas**[14] do fogo. Os **guizos**[15] nos sapatos do elfo **ecoaram**[16] pela sala quando ele se mexeu, nervoso.

— Assim **corremos o risco**[17] de entregar as prendas todas **trocadas**[18]. — **retomou**[19] a criatura de chapéu verde. Mexeu os braços no ar **agitadamente**[20] como se o mundo fosse explodir **por causa disso**[21].

— E **que mal tem**[22]? — perguntou o Pai Natal a **levantar a voz**[23]. Parecia estar a ficar irritado. — Alguém recebe umas **meias**[24] verdes **em vez de**[25] receber umas meias azuis. **Grande coisa**[26]!

O elfo fechou a porta da sala silenciosamente, desaparecendo sem dizer mais nada. O Pai Natal suspirou e **afastou**[27] a bebida fria com uma mão. Quando o pensamento dele se perdia a imaginar uma praia paradisíaca do outro lado do mundo, a porta da sala abriu-se novamente.

— O que é que tu queres outra vez? — perguntou o homem de barba branca.

Olhou para a porta, mas desta vez não viu o elfo a espreitar. Em vez disso, alguém **do lado de fora**[28] empurrou um pequeno presente para dentro da sala. Depois, voltou a fechar a porta suavemente.

O Pai Natal olhou para a caixa e **torceu o nariz**[29]. Mais coisas para ele organizar! Com esforço, levantou-se e pegou no pequeno presente. Tinha um cartão.

De: Elfo
Para: Pai Natal

Um presente para o Pai Natal? Ele sorriu. Finalmente alguém se tinha lembrado dele! Com **renovada**[30] energia, abriu a porta da sala e foi rever as listas de prendas.

Mais tarde nessa noite, já cansado, foi abrir o presente, descobrindo no seu interior um par de meias verdes.

FIM

---

1. **faltar + (tempo) para**: (time) until
   Falta uma hora até o supermercado abrir.
2. **lareira** (f, -s): fireplace
   O pai apanhou ramos na floresta para acender a lareira.
3. **ter um ar pensativo**: to look pensive
   Quando eu vi a conta do cartão de crédito, fiquei com um ar pensativo.
4. **arrefecer** (= ficar frio): to cool down
   As minhas mãos arrefeceram assim que toquei no gelo.
5. **escorrer**: to drip
   A lágrima escorreu pelo rosto.
6. **bater à porta**: to knock on the door
   O vizinho bateu à porta para perguntar se eu tinha açúcar.
7. **voltar + a + infinitivo**: to do something again (voltaram: uso do verbo no plural quando o sujeito é desconhecido)
   Eu voltei a tirar mais um chocolate da caixa. Eram deliciosos!
8. **espreitar**: to peek
   O Pedro estava atrasado, por isso espreitou a medo antes de entrar na sala de aula.
9. **atrapalhado** (adj): confused, embarrassed
   A Ana fica sempre atrapalhada quando vê o chefe.
10. **O que é que tem?** (expressão): What about it? / What's wrong with it?
    Se já recebi a conta da água? Sim, já. Porquê? O que é que tem?
11. **por esta altura** (expressão): by this time
    Estamos atrasados! Por esta altura o filme já começou.
12. **rever**: to review
    Eu já revi o filme Titanic vinte vezes.
13. **encolher os ombros**: to shrug
    Quando o aluno não sabe a resposta, encolhe os ombros.

14. **labareda** (f, -s): flame, flare
    As labaredas estavam tão altas que os bombeiros não conseguiam apagar o fogo.

15. **guizo** (m, -s): small bell
    O meu gato quer apanhar pássaros, mas não consegue porque tem um guizo ao pescoço.

16. **ecoar**: to echo
    Quando grito no topo desta montanha, ouço o eco da minha voz.

17. **correr o risco**: to take the risk
    Tens de conduzir devagar perto das escolas. Não queres correr o risco de atropelar uma criança.

18. **trocado**: mixed up (in the wrong place)
    A, B, C, E, D > As letras E e D estão trocadas.

19. **retomar**: to resume
    Eu vou retomar o trabalho depois das férias.

20. **agitadamente** (adv): restlessly
    O Paulo falava agitadamente sobre o jogo de futebol.

21. **por causa disso**: because of that
    Eu não tenho dinheiro. Por causa disso não posso comprar um carro.

22. **Que mal tem?** (expressão): So what?
    Sim, eu gosto de pizza com ananás. Que mal tem?

23. **levantar a voz**: to raise one's voice
    Joãozinho, se me levantas a voz, ficas de castigo e não vês televisão!

24. **meia** (f, -s): sock
    Eu não gosto de meias até ao joelho.

25. **em vez de**: instead of
    Eu posso comer carne em vez de peixe. Mas eu gosto dos dois.

26. **Grande coisa!** (expressão, irónico): Big deal!
    Ganhaste uma medalha de ouro nos Jogos Olímpicos? Grande coisa!

27. **afastar**: to move away
    Afasta esse copo de água do meu computador!

28. **do lado de fora**: on the outside
    Eu ouvi alguém a mexer na porta do lado de fora, por isso chamei a polícia.

29. **torcer o nariz**: to turn up one's nose
    O meu filho ainda não sabe o que é o jantar e já está a torcer o nariz.

30. **renovado** (adj): renewed
    Senti-me renovado depois da sauna!

EXERCÍCIOS

1) Ordena as frases de 1 a 5 de acordo com a ordem dos eventos na história.

a) O Pai Natal achava que entregar as prendas tarde não era um problema grave. __

b) O elfo tentou convencer o Pai Natal a ir rever as listas de prendas. __

c) O Pai Natal recebeu uma prenda e ficou feliz por alguém ter pensado nele. __

d) O Pai Natal foi rever as listas de prendas. __

e) O Pai Natal estava sentado no seu cadeirão em vez de estar a trabalhar. __

2) Preenche os espaços no resumo da história. Escolhe a opção correta de entre as opções. Faz as necessárias alterações (se for um verbo, conjuga-o).

(1) _____ *(faltar / sobrar)* dois dias para o Natal, mas o Pai Natal não estava a trabalhar. Em vez disso, estava sentado em frente à lareira. Parecia desmotivado e pensativo, preferindo imaginar uma praia paradisíaca (2) _____ *(apesar de / em vez de)* preparar o Natal. O elfo tentou motivá-lo a rever as listas de prendas, uma tarefa importante (3) _____ *(para que / sem que)* as prendas (4) _____ *(ser / ter)* entregues corretamente, mas o Pai Natal achava que o elfo estava a (5) _____ *(ignorar / exagerar)*. O Pai Natal não estava com interesse e paciência para as perguntas do elfo, parecendo ficar irritado.

Depois do elfo sair, alguém (6) _____ *(puxar / empurrar)* um presente para dentro da sala. O Pai Natal ficou feliz quando leu no cartão que o presente era para ele. Alguém finalmente se tinha lembrado de (7) _____ *(o / lhe)* dar um presente. Isto (8) _____-lo *(fazer / dar)* ganhar nova energia para rever a lista de prendas. Mais tarde, abriu o presente e descobriu que lhe tinham oferecido um par de meias verdes.

SOLUÇÕES

1)

1. (e) / 2. (b) / 3. (a) / 4. (c) / 5. (d)

2)

1. faltavam (faltar)
2. em vez de
3. para que
4. fossem (ser)
5. exagerar
6. empurrou (empurrar)
7. lhe
8. fê (fazer)

HISTÓRIA 2

A NOVA SECRETÁRIA

Eram onze da manhã quando o Jocas chegou ao escritório. Ele chegava sempre atrasado e **despenteado**[1], mas hoje tinha também a cara vermelha e um olhar **esgazeado**[2]. Atirou com a sua mochila para cima da secretária - a melhor secretária no escritório. Ficava ao lado de uma janela por onde entrava luz natural **filtrada por**[3] um grande **pinheiro**[4] onde cantavam **passarinhos**[5] na primavera.

— O que é que te aconteceu, Jocas? — perguntei eu a **espreitar**[6] da minha secretária. **Ao contrário da do**[7] Jocas, a minha ficava num **canto**[8] escuro, sob um **candeeiro**[9] de luz fluorescente que **tremia**[10] **incessantemente**[11].

O Jocas levou uma mão a tremer à cara e **esfregou**[12] os olhos.

— **Nem queiras saber**[13]. — respondeu ele.

Olhei para o homem à minha frente com mais curiosidade. Que mentira é que ele ia **contar**[14] hoje, pensei eu. **As desculpas**[15] para chegar atrasado **iam desde**[16] o simples "fiquei preso no elevador" a "**levei um coice**[17] de um **burro**[18] na cara".

— Não me digas que foste **raptado**[19] por **extraterrestres**[20]. — disse eu enquanto **dava uma dentada**[21] no meu donut. O Jocas olhou para mim com os olhos **arregalados**[22].

— Como... como é que sabes? — perguntou ele num sussurro. Eu engasguei-me com **um pedaço de**[23] donut quando me comecei a rir.

— **Essa não pega**[24], Jocas. É melhor inventares outra antes que chegue o chefe. Sabes que ele nunca vem de **bom humor**[25] às segundas-feiras. — disse eu a **sacudir**[26] as **migalhas**[27] do topo da secretária.

O Jocas agarrou-me no braço com uma mão **suada**[28] e uma força **sobre-humana**[29] fazendo o bolo voar pela sala. Depois aproximou a sua cara da minha.

— Ei! **O que é que se passa contigo**[30] hoje? — gritei eu.

— O planeta vai ser **invadido**[31]. Tens de me ouvir. Vamos todos morrer!

— **Que exagero**[32], Jocas. Se querias um bocado do meu donut, **era só pedir**[33]. Não precisavas de... Ei! O que é que se passa com os teus olhos? Parece que estão a mudar de cor! O...

Não tive tempo de acabar a frase. O Jocas saiu a **cambalear**[34] do escritório como um rato assustado. No lugar onde a sua mão tinha estado no meu braço estava um **resíduo**[35] **esverdeado**[36] e **viscoso**[37].

Eu fiz um **ar de nojo**[38] e **apressei-me**[39] a apanhar o resto do donut que tinha caído perto da secretária do Jocas.

Com uma mão no **queixo**[40] **ponderei**[41] o que ele me tinha acabado de contar. Talvez ele estivesse a contar a verdade. Talvez o planeta estivesse a ser invadido por extraterrestres. Mas **uma coisa era certa**[42], o chefe não ia acreditar na história e, depois desta mentira, o Jocas ia perder **o direito à**[43] secretária reservada para o trabalhador favorito.

Com confiança, **puxei a cadeira dele para trás**[44] e sentei-me à sua secretária. Lá fora, o dia estava lindo. Uma **borboleta**[45] colorida esvoaçou à frente da janela, marcando o início da primavera. Eu **suspirei**[46] satisfeito e dei uma grande dentada no donut, sem reparar no resíduo esverdeado e viscoso que estava a meter na boca.

FIM

---

1. **despenteado** (adj): disheveled (hair)
   Depois de saíres da cama tens de te pentear. Se não te penteias ficas despenteado.
2. **esgazeado** (adj): dazed
   O Pedro vinha com um ar esgazeado porque tinha visto um fantasma.
3. **filtrar por**: to filter by
   Gostava de ver o mundo filtrado pelos olhos de um gato.
4. **pinheiro** (m, -s): pine tree
   Um pinhal é uma floresta de pinheiros.
5. **passarinho** (m, -s): little bird
   O passarinho caiu do ninho, mas não se aleijou.
6. **espreitar**: to peek
   A criança espreitou para dentro da casa de banho antes de entrar.
7. **ao contrário da (secretária) do**: unlike that of
   O meu carro é rápido, ao contrário do (carro) da Ana.
8. **canto** (m, -s): corner
   O gato assustado estava encolhido no canto da sala.
9. **candeeiro** (m, -s): lamp
   Tenho de ligar o candeeiro para conseguir ler o livro. Está a ficar de noite.
10. **tremer**: to shake
    O terramoto fez o chão tremer durante dez segundos.
11. **incessantemente**: incessantly
    A Cláudia fala incessantemente. Deve ficar com a garganta seca de tanto falar.
12. **esfregar**: to rub
    O jogador de poker esfregou as mãos quando percebeu que ia ganhar.
13. **nem queiras saber** (expressão): you don't even want to know
    Como é que correu o meu exame? Nem queiras saber.
14. **contar** (uma mentira): to tell (a lie)

A Ana foi apanhada a contar mentiras, mas nem assim assume a culpa.

15. **desculpa** (f, -s): excuse
    Eu não aceito as tuas desculpas.

16. **ir desde ... a**: to range from ... to
    As histórias neste livro vão desde terror a romance.

17. **levar um coice**: to get kicked (by a horse, for example)
    O cavalo estava assustado, por isso deu um coice no tratador.

18. **burro** (m, -s): donkey
    Cuidado com o burro porque ele tem uma personalidade forte e pode dar-te um coice.

19. **raptar**: to kidnap
    Três turistas foram raptados na selva por membros do partido revolucionário.

20. **extraterrestre** (m, -s): alien
    O extraterrestre saiu da nave e cumprimentou os terráqueos (terráqueo: habitante da Terra).

21. **dar uma dentada**: to take a bite
    Eu dei uma dentada no bolo de aniversário, mas não gostei. Tinha muito açúcar.

22. **arregalado** (adj): wide open
    Quando o José conheceu a Catarina, ficou com os olhos arregalados porque ela era linda.

23. **um pedaço de**: a piece of
    Eu cortei um pedaço de cebola e coloquei-o no tacho.

24. **essa não pega** (expressão): I'm not buying that/that won't work
    O teu cão comeu o teu trabalho de casa? Essa não pega, Joãozinho.

25. **bom humor** (m): good mood
    À sexta-feira estou sempre de bom humor porque começa o fim de semana.

26. **sacudir**: to shake
    O detetive agarrou no suspeito pelos ombros e sacudiu-o para o convencer a dizer a verdade.

27. **migalha** (f, -s): crumb
    O meu filho esteve a comer bolachas no sofá e encheu tudo de migalhas.

28. **suado** (adj): sweaty
    O atleta estava suado depois de correr cinco quilómetros.

29. **sobre-humano** (adj): superhuman
    Por causa da adrenalina, o bombeiro ficou com uma força sobre-humana para salvar a mulher do edifício em chamas.

30. **O que é que se passa contigo?**: What's the matter with you?
    Porque é que estás tão calado? O que é que se passa contigo?

31. **invadir**: to invade
    O público invadiu o estádio quando o jogo de futebol acabou.

32. **que exagero**: you are exaggerating
    Consegues beber um litro de cerveja de seguida? Que exagero!

33. **era só pedir** (expressão): all you needed to do was ask

   Se precisavas de um euro para pagar o parque de estacionamento, era só pedir. Eu emprestava-te o dinheiro.

34. **cambalear**: to stagger

   O condutor saiu a cambalear do carro depois do acidente. Provavelmente tinha batido com a cabeça.

35. **resíduo** (m, -s): residue

   O assassino foi apanhado devido ao resíduo de pólvora que ficou na mão depois de disparar a arma.

36. **esverdeado** (adj): greenish

   Acho que este leite não está bom. Está com um ar esverdeado.

37. **viscoso** (adj): slimy

   Esta cola é boa, mas é muito viscosa e deixa as mãos a colar.

38. **ar de nojo**: air of disgust

   Quando a empregada de limpeza viu o estado da casa de banho, fez um ar de nojo.

39. **apressar-se**: to hurry up

   Temos de nos apressar para chegar a tempo ao aeroporto.

40. **queixo** (m, -s): chin

   Os irmãos estavam a discutir até um deles dar um murro no queixo do outro.

41. **ponderar**: to ponder

   Eu tenho de ponderar bem que curso quero escolher na universidade.

42. **uma coisa era certa**: one thing was certain

   O carteiro não sabia se estava alguém em casa, mas uma coisa era certa, o cão que ele ouvia a ladrar estava chateado.

43. **o direito a**: the right to

   Todos os adultos têm o direito a votar.

44. **puxar ... para trás**: to pull ... back

   Puxa o teu cabelo para trás para poder puxar o fecho do teu vestido para cima.

45. **borboleta** (f, -s): butterfly

   Há sempre muitas borboletas na primavera.

46. **suspirar**: to sigh

   O António suspirou quando viu que ainda faltavam cinco horas para sair do escritório e ir para casa.

EXERCÍCIOS

1) Ordena as frases de 1 a 5 de acordo com a ordem dos eventos na história.

a) A secretária do Jocas era a melhor no escritório porque ficava ao lado de uma janela luminosa. __

b) O Jocas disse que o planeta ia ser invadido e saiu assustado do escritório. __

c) O Jocas chegou atrasado ao escritório como era habitual. __

d) O colega achou que o Jocas ia perder o direito à secretária especial, por isso sentou-se lá a comer o seu donut. __

e) O Jocas justificou o atraso, dando a entender que foi raptado por extraterrestres. __

2) Preenche os espaços no resumo da história. Escolhe a opção correta de entre as opções. Faz as necessárias alterações (se for um verbo, conjuga-o).

O Jocas chegou atrasado ao trabalho (1) _____ *(parecer / querer)* também um pouco perturbado. Ele tinha a melhor secretária no escritório, ao lado de uma janela luminosa. O colega (2) _____-o *(invejar / desejar)* por isso.

O colega perguntou-lhe o que tinha acontecido. Ele sabia que era habitual o Jocas (3) _____ *(falar / contar)* mentiras para se desculpar de chegar atrasado.

O Jocas disse que tinha sido raptado por extraterrestress, mas o colega não acreditou e até se engasgou com o donut que estava a comer, (4) _____-lhe *(sugerir / oferecer)* que (5) _____ *(inventar / descobrir)* outra desculpa para o chefe.

De um modo inesperado, o Jocas agarrou no braço do colega e avisou-o de que o planeta ia ser invadido e que iam todos morrer. O colega (6) _____ *(achar / pensar)* uma vez mais que o Jocas não estava a dizer a verdade e que o que ele queria era comer o seu donut. No entanto, ficou espantado ao ver os olhos do Jocas a mudar de cor, (7) _____ *(mesmo / só)* antes de ele sair do escritório com um ar assustado.

O colega reparou que o Jocas lhe tinha deixado um resíduo verde e viscoso no braço e considerou a possibilidade de ele estar a dizer a verdade. Mas achou que o chefe não ia acreditar na história, obrigando o Jocas a ter de mudar de lugar. Aquela secretária luminosa era exclusiva para o trabalhador (8) _____ *(preferido / detestado)* do chefe.

O colega sentou-se à secretária do Jocas com confiança e (9) _____ *(proceder / continuar)* a comer o seu donut. Não reparou que estava a comer também um pouco de resíduo verde e viscoso.

SOLUÇÕES

1)

1. (c) / 2. (a) / 3. (e) / 4. (b) / 5. (d)

2)

1. parecendo (parecer)
2. invejava (invejar)
3. contar
4. sugerindo (sugerir que + conjuntivo)
5. inventasse (inventar)
6. achava (achar)
7. mesmo
8. preferido
9. continuou (continuar)

HISTÓRIA 3

SOB A SUPERFÍCIE

Caía uma **chuva miudinha**[1] quando comecei o dia de **pesca**[2]. A linha cortou o ar com um *ssssss*, o **anzol**[3] caiu na água a meio do rio e a **corrente**[4] puxou a **linha**[5] suavemente para a direita. À volta das minhas **galochas**[6] dentro de água passeavam **tesouras**[7]; refletida entre elas vi a minha cara. Parecia assustada.

— É hoje que vais pescar alguma coisa **de jeito**[8]? Da última vez só pescaste um ramo velho. — disse o Paulo atrás de mim, sentado numa **cadeira de campismo**[9] no **areal**[10]. Abria uma garrafa de cerveja e **dava um grande gole**[11]. Quase que **se engasgava**[12] com o seu próprio riso.

Nesse momento, lembrei-me de que não tinha colocado **isco**[13] no anzol. Lentamente, comecei a enrolar a linha no **carreto**[14] da **cana de pesca**[15].

— Não me digas que te esqueceste do isco! — disse o Paulo num tom de **gozo**[16]. — Isso é o básico, qualquer parvo sabe isso.

— Não tens mais nada para fazer **além de**[17] ficar aí sentado a criticar? — disse eu enquanto abria a caixa do isco e pegava numa **minhoca**[18] **viscosa**[19]. — Eu só preciso de fazer aqui uma coisa...

— Tu é que me quiseste provar de que **eras capaz de**[20] pescar um peixe. Estou só à espera.

A linha voltou a cortar o ar com um *sssss*; o anzol voltou a cair na água; a corrente voltou a puxar a linha ligeiramente para a direita.

O meu primo Paulo era o familiar **ao pé de**[21] quem nunca ninguém se queria sentar nos jantares de Natal. Quem ficasse ao seu lado, **não só**[22] tinha de se encolher porque ele abria os braços para os lados como um **ganso**[23] a levantar voo, como provavelmente também sairia de lá a ter de ganhar uma **aposta**[24] qualquer.

Eu tinha sido a sua última vítima.

— Hei! Parece que tens alguma coisa a **picar**[25]! — disse o Paulo entre **arrotos**[26].

A minha mente tinha **vagueado**[27] para longe da linha na água. Quando voltei à realidade, a linha estava a ser puxada para a esquerda com força, o que era estranho, **já que**[28] a corrente ia no **sentido contrário**[29].

— **Puxa**[30]! — gritou o Paulo.

— O que é que achas que estou a tentar fazer?

Seixos[31] rolaram sob os meus pés ao tentar **aguentar-me no**[32] sítio, **tal era**[33] a força com que a linha puxava.

— Não me digas que precisas de ajuda?

— Não, eu consigo. — respondi eu a começar a ficar vermelho.

A cana de pesca curvou-se dramaticamente e eu **cerrei**[34] os **maxilares**[35]. Puxei, puxei, puxei, até que da água saiu algo que voou como se se tivesse soltado do fundo do rio um **dente do siso**[36]. Eu caí de **rabo**[37] na água.

— Parece que pescaste mais **lixo**[38]! — disse o Paulo a abrir a segunda garrafa. — Devias ser contratado para fazer a limpeza dos cursos de água. Com sorte, consegues pescar o telemóvel da Marta que eu atirei para aí quando a apanhei a **curtir com**[39] o Julito na festa da aldeia.

Eu **bufei**[40] silenciosamente enquanto puxava o resto da linha na minha direção. No fim, estava um telemóvel preso ao anzol. Eu rodei o telemóvel nas minhas mãos sem perceber como é que algo tão pequeno **tinha custado**[41] tanto a puxar.

Eu levantei-o e coloquei-o em frente à luz do sol que passava ténue por entre as nuvens. Parecia ter estado no fundo do rio durante bastante tempo. Tinha o vidro rachado e coberto de **verdete**[42].

— Já te contei daquela vez em que eu apanhei um salmão maior do que a bicicleta do teu irmão? — perguntou o Paulo. — Serviu de jantar para dez pessoas.

Nesse momento, o telemóvel vibrou na minha mão. Eu olhei para ele, confuso. O **ecrã**[43] ligou-se e mostrou-me o símbolo de uma mensagem nova a piscar. Sem parar para considerar o ridículo da situação, eu selecionei a mensagem e abri-a.

No quarto do Paulo há uma arca encostada à janela. A chave para a abrir está sempre no bolso das suas calças. Dentro da arca vais encontrar fotografias do Paulo a cantar Mariah Carey num karaoke, de cuecas.

De seguida, o telemóvel desligou-se. Eu levantei-me a custo da água gelada e sacudi as calças **encharcadas**[44].

— Sabes uma coisa, Paulo? A água está ótima. Acho que vou aproveitar para tomar um banho. — disse eu.

— Finalmente tens uma boa ideia! Eu **aposto contigo**[45] que nado mais rápido até ao outro lado. **Não que isso**[46] vá surpreender alguém. Todos sabem que és um **fracote**[47].

— Podes deixar aí a tua roupa para não se molhar. —— disse eu, enquanto sorria subtilmente a vê-lo tirar as calças e a deixá-las em cima de uma pedra. Depois, olhei uma última vez para o telemóvel antes de o voltar a atirar para a água.

FIM

---

1. **chuva miudinha** (f, -s -s): drizzle
   Parece que a chuva miudinha não molha, mas é uma ilusão.
2. **pesca** (f, -s): fishing
   A pesca é uma atividade importante em Portugal.
3. **anzol** (m, óis): fish hook
   Pisei um anzol e tive de ir ao hospital para o tirarem do pé.
4. **corrente** (f, -s): current
   Cuidado com a corrente porque está muito forte. Podes afogar-te.
5. **linha** (de pesca) (f, -s): fishing line
   A tartaruga estava enrolada em linha de pesca.
6. **galocha** (f, -s): wellington, rubber boot
   Como eu estava de galochas, pude saltar nas poças de água sem molhar os pés.
7. **tesoura** (f, -s): insect, common water strider *(Gerris lacustris)*
   É engraçado como as tesouras não afundam na água.
8. **de jeito**: that is good, that has quality
   Quando é que compras roupa de jeito? Estou a ver um buraco na tua camisa.
9. **cadeira de campismo** (f, -s -): folding camp chair
   Eu abri a cadeira de campismo e sentei-me.
10. **areal** (m, -ais): sandy area
    Como o rio tinha uma área de areal, pusemos lá as toalhas de praia.
11. **dar um gole**: to have a sip

O João deu um gole da minha cerveja.

12. **engasgar-se**: to choke
    Eu engasgo-me muito quando como amendoins.

13. **isco** (m, -s): bait
    O peixe mordeu o isco, mas conseguiu não ser pescado.

14. **carreto** (m, -s): fishing reel
    Não compres um carreto de plástico porque não dura nada.

15. **cana de pesca** (f, -s -): fishing rod
    Comprei uma cana de pesca, mas é tão comprida que não cabe no meu carro.

16. **gozo** (m, -s): mockery
    Não prestes atenção ao Pedro. Ele está no gozo.

17. **além de + infinitivo**: beside, apart from
    Além de fazer o jantar, ainda preciso de lavar a loiça.

18. **minhoca** (f, -s): earthworm
    A minha caixa de compostagem está cheia de minhocas.

19. **viscoso** (adj): slimy
    A baba do extraterrestre era muito viscosa!

20. **ser capaz de + infinitivo**: to be capable of
    Eu sou capaz de mexer as orelhas.

21. **ao pé de**: near
    A minha casa fica ao pé da praia.

22. **não só ... como também**: not only ... but also
    Não só não tenho tempo para ir jantar contigo, como também não quero.

23. **ganso** (m, -s): goose
    Tenho muitos animais na minha quinta: galinhas, gansos e patos.

24. **aposta** (f, -s): bet
    O Carlos fez a aposta no cavalo errado. Ficou em último lugar.

25. **picar**: to bite
    O peixe picou no anzol, mas depois fugiu.

26. **arroto** (m, -s): burp
    Os arrotos do meu avô ouvem-se na casa toda.

27. **vaguear:** to wander
    O cão vagueou pela aldeia antes de voltar para casa.

28. **já que**: seeing that, since
    Eu acabei por não mandar vir o livro pela internet, já que abriu uma livraria na minha rua.

29. **sentido contrário** (m, -s -s): the wrong way, the other way
    Eu vi um carro a ir em sentido contrário na auto-estrada.

30. **puxar**: to pull
    Tens de puxar a porta para a abrires. Não adianta estares a empurrar.

31. **seixo** (m, -s): pebble
    Eu apanhei seixos no rio e levei-os para casa para decorar o jardim.

32. **aguentar-se em**: to stand firm on

Estou tão cansado que não me aguento nas pernas.

33. **tal era**: such was
     Ele tropeçou, tal era a pressa com que ia pela rua fora.
34. **cerrar**: to close
     O lutador cerrou as mãos em punhos.
35. **maxilar** (m, -es): jaw
     Tive de abrir tanto a minha boca para dar uma trinca no hamburger, que o meu maxilar estalou.
36. **dente do siso** (m, -s -): wisdom tooth
     O meu dentista aconselhou-me a tirar os dentes do siso, mas não me convenceu.
37. **rabo** (m, -s): bottom, butt
     O teu rabo fica muito grande nessas calças. Devias experimentar outras.
38. **lixo** (m, -s): rubbish, garbage
     Tenho de ir despejar o lixo porque já está a cheirar mal dentro de casa.
39. **curtir com** (informal): to make out with
     O polícia viu dois jovens a curtir no beco.
40. **bufar:** to huff
     O boi bufou porque estava a ficar chateado. Depois começou a correr na nossa direção.
41. **custar**: to be difficult, to be hard
     Custa-me sempre muito acordar cedo.
42. **verdete** (m, -s): verdigris
     A casa é tão húmida que as paredes estão cobertas de verdete.
43. **ecrã** (m, -s): screen
     Não ponhas o teu dedo no ecrã do meu computador. Tenho de estar sempre a limpar as tuas dedadas.
44. **encharcado** (adj): soaked, drenched
     Andei à chuva sem chapéu-de-chuva, por isso fiquei encharcado.
45. **aposto contigo**: I bet you
     Aposto contigo que a Ana não vai à festa de aniversário da Carla. Elas chatearam-se ontem.
46. **não que isso** (expressão): not that
     Eu posso dar-te dez euros, mas não que isso te ajude muito a pagar a casa.
47. **fracote** (adj): weakling
     O meu personagem no jogo é fracote, por isso é que ainda não consegui ganhar nenhum nível.

EXERCÍCIOS

1) Ordena as frases de 1 a 5 de acordo com a ordem dos eventos na história.

a) O narrador convidou o primo para nadar no rio com o objetivo de seguir a sugestão dada na mensagem. __

b) O narrador apanhou uma coisa com a sua cana e tentou, com dificuldade, tirá-la da água. __

c) O primo Paulo estava sempre a gozar com o narrador. __

d) O narrador pescou um telemóvel e recebeu uma mensagem reveladora sobre o primo Paulo. __

e) O narrador e o primo Paulo foram à pesca. __

2) Preenche os espaços no resumo da história. Escolhe a opção correta de entre as opções. Faz as necessárias alterações (se for um verbo, conjuga-o).

O narrador foi à pesca com o seu primo Paulo, uma pessoa conflituosa bem conhecida (1) _____ *(de / por)* querer começar apostas no seio familiar. O primo tinha ficado no areal a beber cerveja, enquanto o narrador (2) _____ *(começar / lançar)* a pescar. Assim que meteu a linha na água, (3) _____ *(ouvir / dizer)* o seu primo a gozar (4) _____ *(de / com)* ele porque só tinha pescado um ramo velho da (5) _____ *(vez última / última vez)* que tinha ido à pesca. O narrador (6) _____ *(sentir-se / aperceber-se de que)* não tinha colocado isco no anzol e o primo voltou a gozar com ele, deixando-o irritado.

De seguida, o narrador reparou que algo estava a puxar a linha com muita força. Como tentou puxar a linha sem sucesso, o primo voltou a gozar com ele, referindo que talvez ele (7) _____ *(esperar / conseguir)* pescar o telemóvel que ele tinha atirado para dentro de água e que pertencia a uma rapariga.

O narrador continuou a puxar a linha (8) _____ *(a / até)* conseguir finalmente retirar algo da água - um telemóvel que parecia já lá estar (9) _____ *(desde / há)* muito tempo.

O narrador ficou surpreso quando o telemóvel vibrou com uma nova mensagem. A mensagem (10) _____-lhe *(dizer / falar)* que podia encontrar fotografias embaraçosas do primo Paulo numa arca no seu quarto, e que a chave para a abrir estava sempre (11) _____ *(na gaveta / no bolso)* das suas calças.

O narrador sugeriu ao primo que os dois (12) _____ *(ter / tomar)* um banho. O Paulo (13) _____ *(recusar /*

aceitar) e aproveitou para apostar que conseguia nadar mais rápido (14) _____ *(até à / a)* outra margem. Antes de atirar o telemóvel de volta para a água, o narrador, a sorrir, viu o primo a tirar as calças e a (15) _____-las *(deixar / atirar)* em cima de uma pedra.

SOLUÇÕES

1)

1. (e) / 2. (c) / 3. (b) / 4. (d) / 5. (a)

2)

1. por
2. começava (começar)
3. ouviu (ouvir)
4. com
5. última vez
6. apercebeu-se de que (aperceber-se de que)
7. conseguisse (conseguir)
8. até
9. há
10. dizia (dizer)
11. no bolso

12. tomassem (tomar)
13. aceitou (aceitar)
14. até à
15. deixá (deixar)

HISTÓRIA 4

DOZE BADALADAS

O príncipe Leonardo andou para trás e para a frente no seu quarto até que se deixou cair no **cadeirão**[1] de **veludo**[2] perto da janela. Lá fora, os **criados**[3] movimentavam-se sob a chuva como um **carreiro de formigas**[4]. **Às costas**[5] levavam cadeiras, mesas, tecidos **e tudo o mais**[6] que se pudesse imaginar; tudo para o grande baile de passagem de ano no salão nobre.

Leonardo tinha os ombros tensos e sentia um frio na barriga. Com os **cotovelos**[7] nos **joelhos**[8] e a cabeça entre as mãos, o príncipe reparou numa coisa debaixo do cadeirão. Com os pés tentou nervosamente **escondê**[9]-la melhor. Era a **corda**[10] que tinha feito na noite anterior. Tinha usado todos os **lençóis**[11] e **toalhas**[12] que tinha encontrado; mesmo assim a corda atirada da sua janela ficava ainda a uns longos três metros do chão. Leonardo levantou-se e olhou lá para fora. **Nem mesmo**[13] a roseira de longos **espinhos**[14] por baixo o ia impedir.

A sua mãe entrou no quarto sem bater.

— Leninho, ainda estás de **robe**[15] e **chinelos**[16]? — perguntou ela. O seu volumoso **vestido**[17] **rojou**[18] pelo chão como se uma pesada **lesma**[19] se arrastasse pelo **tapete**[20].

— Mãe, já te pedi para bateres antes de entrar.

— Meu Deus! O que uma mãe tem de ouvir! Como se eu não tivesse já visto tudo o que há para ver.

A mãe deixou-se cair no cadeirão agora vazio. O príncipe Leonardo sentiu o coração a acelerar e deitou um olho para a corda improvisada que **espreitava**[21] perto de um sapato decorado com um **laçarote**[22] rosa.

A mãe inclinou a cabeça para trás e colocou as **costas de uma mão**[23] sobre a **testa**[24].

— Este baile está a deixar-me exausta. Só faltam poucas horas para começar e ainda há tanto para fazer. — disse ela.

Leonardo não sabia como é que alguém podia ficar exausto de não fazer nada. Os olhos dela tornaram-se bicudos e focaram-se nele.

— Esta noite tens de estar especialmente cordial. — continuou ela. — Vamos receber os senhores das **redondezas**[25] e as suas **donzelas**[26]. Não é que te queira **ver pelas costas**[27], mas **já te casavas**[28].

Leornardo **esfregou**[29] as mãos húmidas e **coçou**[30] o **nariz**[31]. Não podia deixar que a mãe o visse assim; ela era pior que um **cão de caça**[32] a **farejar**[33] a **presa**[34].

— Por isso mesmo preciso que me deixes. Ainda tenho de me vestir. — disse ele.

Antes que ela desaparecesse além da porta virou-se para ele.

— Lembras-te da Inês, filha do senhor Flávio? A que te escreveu um lindo poema sobre a **praga**[35] de **formigas de asa**[36] de há dois anos?

— Como me podia esquecer. — disse ele a **revirar os olhos**[37].

— Ela vem esta noite e ouvi dizer que te quer cantar uma canção que escreveu quando estava com **varicela**[38]. A voz não é muito bonita, mas o que conta é a intenção.

— Claro.

— Fará uma excelente **esposa**[39], Leninho.

Felizmente, a porta fechou-se mesmo antes de o príncipe ter um tique nervoso no olho esquerdo.

A música frenética do baile ecoava pelas paredes de pedra até chegar ao quarto de Leonardo já como a **lengalenga**[40] abafada de uma missa num **enterro**[41].

A corda feita de lençóis e toalhas, presa a uma perna da cama, estava pendurada da janela. O príncipe Leonardo, irreconhecível debaixo de uma capa negra, passava uma perna por cima do **parapeito**[42] quando a porta do quarto se abriu **de rompante**[43].

— **Credo**[44]! — exclamou a Dona Alberta. Trazia ao **peito**[45] vários **panos de limpeza**[46] que deixou cair com o susto.

Sem parar para pensar, Leonardo lançou-se para fora da janela fazendo a cama sair um pouco do lugar. A meio da parede, o príncipe sentiu as mãos a escorregar pelo tecido molhado.

— **Raios**[47]! — gritou ele, entre dentes.

A cabeça da Dona Alberta apareceu à janela acima dele.

— Menino Leonardo? Não se mexa! Vou buscar ajuda.

— Alberta! **Eu juro por Deus**[48], se disser alguma coisa a alguém, eu **certificar-me-ei**[49] de que todo o reino fica a saber onde guarda as jóias que misteriosamente desaparecem dos quartos.

A janela fechou-se e o príncipe suspirou. O alívio foi **de pouca duração**[50] quando percebeu que a corda se tinha soltado e os espinhos da roseira se aproximavam a alta velocidade.

A estrada de terra que levava ao palácio estava **lamacenta**[51], pisada por dezenas de **cascos**[52] de cavalos a caminho do baile. Com uma mão sobre a lateral das costas, um homem de capa negra apareceu a **cambalear**[53] em frente a uma **carruagem**[54] solitária que se afastava do palácio. Um dos cavalos sobressaltou-se e pôs as **patas**[55] no ar.

— Hei, homem! **Saia da frente**[56]! — gritou o **cocheiro**[57], um homem pequeno com um nariz incrivelmente longo.

O desconhecido de capa estendeu uma mão na direção do condutor.

— Tenho dinheiro. Preciso que me leve para longe.

— Esqueça, amigo. Não posso deixar esta senhora aqui. Além do mais, já falta pouco para a meia-noite e... — o cocheiro moveu-se nervosamente no **assento**[58].

O homem da capa tentou espreitar para dentro da carruagem.

— Quem leva aí?

— Ninguém que conheça. Uma senhora que acabou de chegar de um reino distante. Agora, **se não se importa**[59], deixe-nos passar.

Os **cortinados**[60] na janela afastaram-se e dois olhos curiosos espreitaram do interior.

— O que se passa? Estamos a ficar sem tempo. — disse uma mulher de voz ansiosa.

— Este **mendigo**[61]. Quer que o levemos para longe daqui.

Os cortinados voltaram a fechar com um movimento brusco.

— Vê? — disse o cocheiro. — Infelizmente não o posso ajudar.

Sem aviso, o homem de capa agarrou nas **rédeas**[62] com uma mão e com a outra puxou o cocheiro para o chão. O homenzinho do longo nariz **esperneou**[63], mas acabou por cair na lama.

— Nada me vai impedir de sair daqui!

Sem tempo a perder, o príncipe **disfarçado**[64] tomou controle da carruagem e arrancou velozmente no momento em que **soava**[65] a primeira **badalada**[66] da meia-noite. Gritos de euforia ouviram-se à distância. O novo ano estava a chegar.

— Hei! Não vai longe, amigo! — gritou o cocheiro a abanar a cabeça.

Ao som das seis badaladas as rodas da carruagem ganharam vida e transformaram-se nos longos braços de uma planta.

Ao som das oito badaladas os cavalos encolheram-se tomando a forma de pequenos ratos que correram **desnorteados**[67].

Ao som das dez badaladas a carruagem caiu pesadamente no chão com a forma de uma grande **abóbora**[68] laranja.

Ao som das doze badaladas uma linda mulher de cabelos dourados, **avental**[69] sujo e pés **descalços**[70] correu para o abrigo das árvores, desaparecendo entre elas.

O príncipe Leonardo, caído no chão, sem perceber o que tinha acontecido, reparou num sapato de cristal a brilhar no meio do caminho. Pegou nele e observou-o de perto. Como uma pequena pedra preciosa, lançava **faíscas**[71] de luz cada vez que o luar lhe tocava. Talvez o sapato pertencesse à mulher que ele **vira**[72] fugir. Talvez ele devesse correr atrás dela e entregar-lho.

Hesitou[73] uns momentos, mas em vez disso, decidiu fazer bom dinheiro com ele **vendendo-o**[74] do outro lado do mar, para onde se dirigia. Talvez lá encontrasse a mulher com quem sonhava casar um dia.

FIM

---

1. **cadeirão** (m, -ões): armchair
   O avô adormeceu no cadeirão em frente à televisão.
2. **veludo** (m, -s): velvet
   Eu adoro tocar em veludo porque é muito suave, mas não gosto de vestir veludo.
3. **criado** (m, -s): servant
   Joãozinho, arruma o teu quarto porque nesta casa não há criados.
4. **carreiro de formigas** (m, -s -s): ant trail
   O carreiro de formigas percorria mais de duzentos metros. As formigas levavam bagas e insetos para o formigueiro.
5. **às costas**: on one's back
   A Ana não conseguia ver o palco, por isso coloquei-a às minhas costas.
6. **e tudo o mais**: and everything else
   Eu contei-lhe sobre as férias e tudo o mais.
7. **cotovelo** (m, -s): elbow
   Estive a tirar ervas-daninhas, por isso fiquei com dores no cotovelo. Agora não consigo dobrar o braço.
8. **joelho** (m, -s): knee
   A minha avó não consegue subir as escadas porque tem os joelhos fracos.
9. **esconder**: to hide
   A criança escondeu-se atrás da árvore enquanto a mãe procurava por ele.
10. **corda** (f, -s): rope
    Eu preciso de uma corda para amarrar esta mala ao tejadilho do carro.
11. **lençol** (m, -óis): sheet

Eu faço a cama todos os dias porque não gosto de lençóis que não estão esticados.

12. **toalha** (f, -s): towel
    Depois do banho, eu sequei-me com a toalha.

13. **nem mesmo**: not even
    O Pedro não queria ir à festa. Nem mesmo a Carla, a sua namorada, o ia conseguir convencer a ir.

14. **espinho** (m, -s): thorn
    Estive a podar as roseiras e espetei um espinho no dedo. Agora está inflamado.

15. **robe** (m, -s): robe
    Perdi o cinto do meu robe. Sem o cinto não consigo fechar o robe e fico cheio de frio.

16. **chinelo** (m, -s): slipper
    O meu cachorro de três meses roeu os meus chinelos novos.

17. **vestido** (m, -s): dress
    Este vestido é muito comprido, Se não tenho cuidado, posso pisá-lo e cair.

18. **rojar**: to drag
    Joaninnha, não te estejas a rojar no chão porque ficas com a roupa toda suja.

19. **lesma** (f, -s): slug
    Eu plantei muitas couves, mas as lesmas comeram quase tudo.

20. **tapete** (m, -s): carpet
    Eu sou alérgico ao pó, por isso retirei todos os tapetes de minha casa.

21. **espreitar**: to peek
    O cliente do restaurante espreitou para dentro da casa de banho para confirmar que não estava ocupada.

22. **laçarote** (m, -s): ribbon
    A menina usava um laçarote no cabelo.

23. **costas da mão** (f, - -s): back of the hand
    Bati com as costas da mão no canto da mesa. Ficou inchado, por isso coloquei gelo.

24. **testa** (f, -s): forehead
    Eu tenho uma testa muito alta, por isso prefiro usar chapéus para a tapar.

25. **redondezas** (pl): surroundings
    Há vários parques nas redondezas da minha casa.

26. **donzela** (f, -s): maiden
    O Carlos morreu e foi para o céu, mas as donzelas não estavam lá.

27. **ver pelas costas**: to see the back of someone
    O meu chefe vai de férias para a semana. Estou ansiosa para o ver pelas costas.

28. **já + verbo no imperfeito**: get it done (you should have done it already)
    Pedrinho, o teu quarto está caótico. Já o arrumavas, não?

29. **esfregar**: to rub

As janelas estão muito sujas. Tenho de esfregar durante horas.

30. **coçar**: to scratch
    Não podes coçar as picadas de melga porque ficas ainda com mais comichão.
31. **nariz** (m, -es): nose
    Estou constipado, por isso tenho o nariz entupido.
32. **cão de caça** (m, -ães -): hunting dog
    O cão de caça correu atrás do coelho.
33. **farejar**: to scent
    A raposa farejou o ar e enfiou-se na toca quando se apercebeu que havia um cão de caça nas redondezas.
34. **presa** (f, -s): prey
    A presa fugiu, mas foi apanhada pelo predador.
35. **praga** (f, -s): plague
    A praga de gafanhotos cobriu os campos de cultivo.
36. **formiga de asa** (f, -s -): flying ant
    Eu não gosto nada de formigas de asa porque são grandes e voam!
37. **revirar os olhos**: to roll one's eyes
    A minha irmã revirou os olhos quando a mãe a mandou lavar a loiça.
38. **varicela** (f, -s): chickenpox
    Eu já tive varicela quando era criança e fiquei com uma marca na testa.
39. **esposa** (f, -s): wife
    A Ana é minha esposa há vinte anos. Casámos em 2002.
40. **lengalenga** (f, -s): rigmarole
    As crianças aprendem lengalengas para memorizarem coisas.
41. **enterro** (m, -s): burial
    O enterro do presidente foi visto por milhares de pessoas no cemitério e em casa na televisão.
42. **parapeito** (m, -s): window ledge
    Não te inclines muito sobre o parapeito porque podes cair.
43. **de rompante**: impetuously
    A polícia entrou de rompante na casa e prendeu os suspeitos.
44. **credo!** (expressão): good heavens!
    Não sejas tão teimoso! Credo!
45. **peito**: chest
    O pai sentiu um aperto no peito quando viu o filho a cair da bicicleta.
46. **pano de limpeza** (m, -s -): dust cloth
    Os panos de limpeza estão muito sujos. Põe-nos na máquina de lavar.
47. **raios!** (expressão): damn
    Raios! Acabei de perder o único lugar de estacionamento.
48. **eu juro por Deus** (expressão): I swear to God
    Eu juro por Deus, que se o meu restaurante favorito não estiver aberto no único dia em que eu podia vir a esta cidade, eu vou enviar um email a reclamar.
49. **certificar-me-ei** (certificar): I will make sure (to make sure)
    O presidente certificar-se-á de que os cidadãos estão felizes.

50. **de pouca duração**: of short duration
    Eu só consigo arranjar empregos de pouca duração.

51. **lamacento** (adj): muddy
    O meu jardim não tem relva, por isso ficou lamacento depois da chuva.

52. **casco** (m, -s): hoof
    O touro raspou com os cascos no chão e bufou.

53. **cambalear**: to stagger
    A Patrícia só tinha bebido um copo de vinho, mas saiu do restaurante a cambalear.

54. **carruagem** (f, -ns): carriage
    A carruagem da Cinderela transformou-se de novo numa abóbora quando chegou a meia-noite.

55. **pata** (f, -s): paw
    O cão estava muito bem treinado e pôs uma pata no ar para pedir um biscoito.

56. **saia da frente**: get out of the way
    Saia da frente! A ambulância precisa de passar.

57. **cocheiro** (m, -s): coachman
    O cocheiro conhecia as ruas todas da cidade.

58. **assento** (m, -s): seat
    O assento era de madeira, por isso fiquei muito desconfortável.

59. **se não se importa**: if you don't mind
    Pode fechar a janela, se não se importa? Está muito frio aqui.

60. **cortinado** (m, -s): curtain
    O cortinado abanou com o vento que entrava pela janela.

61. **mendigo** (m, -s): beggar
    O mendigo estava sentado à porta do banco e pedia moedas com uma mão aberta.

62. **rédea** (f, -s): rein
    O cavaleiro agarrou nas rédeas do seu cavalo e cavalgou para longe.

63. **espernear**: to kick, to trash one's legs
    A criança estava a fazer uma grande birra no supermercado. Deitou-se no chão e começou a espernear.

64. **disfarçado** (adj): disguised
    O ladrão estava disfarçado de palhaço para roubar as carteiras das pessoas que assistiam ao circo.

65. **soar**: to sound
    Este cantor não soa bem. Está desafinado.

66. **badalada** (f, -s): toll
    O sino da igreja começou a tocar e a dar as badaladas que marcavam a hora.

67. **desnorteado** (adj): disoriented
    O Filipe desmaiou por causa do calor. Quando recuperou os sentidos estava desnorteado. Não sabia onde estava.

68. **abóbora** (f, -s): pumpkin
    Como era Dia das Bruxas, as casas tinham abóboras a decorar os jardins.
69. **avental** (m, -ais): apron
    A cozinheira limpou as mãos ao avental e provou a comida.
70. **descalço** (adj): barefoot
    Eu adoro andar descalço, mas posso aleijar-me nos pés.
71. **faísca** (f, -s): spark
    Quando tentei acender o isqueiro, ele só fez uma faísca e não acendeu. Estava sem gás.
72. **vira** (= tinha visto): had seen > pretérito mais-que-perfeito simples
    Ele vira (tinha visto) a Isabel três anos antes.
73. **hesitar**: to hesitate
    O caçador hesitou antes de disparar e o coelho fugiu.
74. **vendendo-o** (vender): selling it
    A empresa fez dinheiro vendendo a sua frota de carros.

EXERCÍCIOS

1) Ordena as frases de 1 a 5 de acordo com a ordem dos eventos na história.

a) A mãe de Leonardo apareceu e relembrou-o de que deveria estar cordial durante a festa, já que ela queria que ele se casasse. __

b) O príncipe Leonardo tinha preparado uma corda para fugir pela janela durante o baile de passagem de ano. __

c) O príncipe mandou parar uma carruagem que levava uma senhora misteriosa. __

d) À meia-noite a carruagem transformou-se numa abóbora e o príncipe encontrou um sapato de cristal perdido no caminho. __

e) O príncipe saiu pela janela e caiu em cima de uma roseira com espinhos. __

2) Preenche os espaços no resumo da história. Escolhe a opção correta de entre as opções. Faz as necessárias alterações (se for um verbo, conjuga-o).

O príncipe Leonardo decidiu (1) _____ *(correr / fugir)* do seu castelo na noite da celebração de ano novo. (2) _____-se *(sentir / ficar)* pressionado pela mãe para casar, mas as suas opções não eram as melhores, por isso, Leonardo fez uma corda com lençóis e toalhas para sair pela janela.

(3) _____ *(por / ao)* sair pela janela, foi apanhado pela Dona Alberta a entrar no quarto para fazer a limpeza. Conseguiu (4) _____-la *(dissuadir / convencer)* a não dar o alarme quando a ameaçou que revelaria o seu segredo. Ele não teve tempo de aproveitar o alívio que sentiu porque (5) _____ *(sem tempo / de imediato)* caiu nos espinhos da roseira.

Depois de se afastar do castelo, o príncipe (6) _____, *(mascarado / disfarçado)* com uma capa, parou uma carruagem a sair da festa e (7) _____ *(pedir / aceitar)* ao cocheiro que o (8) _____ *(tomar / levar)* para longe dali. Mesmo tendo oferecido dinheiro para o fazer, o cocheiro recusou a oferta. Ele tinha de transportar uma senhora que ele não (9) _____ *(querer / parecer)* identificar.

O príncipe tirou o cocheiro do seu lugar e conseguiu tomar controle da carruagem, (10) _____ *(travar / arrancar)* a toda a velocidade com a senhora ainda no seu interior.

Ao longe começaram a (11) _____ *(soar / tocar-se)* as badaladas da meia-noite. A cada badalada que soava, tudo à volta de Leonardo (12) _____ *(identificar-se / transformar-se)*.

A carruagem transformou-se numa (13) _____ *(melancia / abóbora)* e os cavalos transformaram-se em ratos. Caído no chão, o príncipe ainda viu uma mulher loura, descalça e de avental sujo a correr para as árvores. Depois, (14) _____ *(reparar em / ignorar)* sapato de cristal no caminho. Ele considerou ir entregá-lo à mulher que tinha visto a fugir, mas (15) _____ *(em vez disso / além disso)*, decidiu vendê-lo no lugar onde ia começar a sua nova vida e onde desejava, um dia, casar com a mulher dos seus sonhos.

SOLUÇÕES

1)

1. (b) / 2. (a) / 3. (e) / 4. (c) / 5. (d)

2)

1. fugir
2. sentia (sentir)
3. ao
4. convencê (convencer)
5. de imediato
6. disfarçado
7. pediu (pedir)
8. levasse (levar)
9. queria / quis (querer)
10. arrancando (arrancar)
11. soar
12. se transformava (transformar-se)
13. abóbora

14. reparou num (reparar em)
15. em vez disso

HISTÓRIA 5

DE PERNAS PARA O AR

A pequena **aldeia**[1] nas montanhas brilhava como uma **jóia**[2] sob o sol frio de **inverno**[3]. As árvores ainda cobertas de branco pelo **nevão**[4] da noite anterior começavam finalmente a **descongelar**[5] deixando cair **gotas**[6] de água que furavam como **balas**[7] o chão **fofo**[8] coberto de **neve**[9].

Mas a noite anterior tinha assustado os habitantes. Uma **névoa**[10] **gélida**[11] tinha aparecido inesperadamente, anunciando a **ventania**[12] que trazia consigo os primeiros **flocos de neve**[13]. No **turbilhão**[14] do nevão, os **aldeões**[15] tinham corrido para casa, **largando**[16] a meio os seus passeios **domingueiros**[17]. Algumas **luvas**[18] e **gorros**[19] esquecidos em **escorregas**[20] e **baloiços**[21] tinham marcado os únicos pontos de cor na paisagem **invernosa**[22] antes de desaparecerem sob o manto branco.

Dentro de casa, os aldeões tinham permanecido sentados em frente à **lareira**[23] a olhar pela janela **embaciada**[24], até que o **tédio**[25] os **apanhou de surpresa**[26] e as suas cabeças penderam sobre o peito, adormecidos.

Mas aquela manhã estava **cintilante**[27] e o nevão parecia agora apenas uma vaga memória do passado. As superfícies voltavam a expor as suas cores à medida que a fina **camada**[28] de **gelo**[29] que as cobria **derretia**[30], e numa questão de minutos, o caminho para o bosque deixou de estar **escorregadio**[31] para passar a estar **lamacento**[32].

O pequeno Diogo saiu de casa em direção ao campo. Queria aproveitar os **raios de sol**[33] para continuar o **boneco de neve**[34] que tinha começado há uns dias. O rapaz olhou para trás, para a casa da sua amiga Isabel. Ela estava à janela, como sempre. O Diogo **acenou-lhe**[35], sabendo perfeitamente que ela não iria sair de casa. Nunca saía. A Isabel acenou-lhe **de volta**[36] com um par de binóculos na mão. Tinha **metido na cabeça**[37] que viviam numa simulação e que estariam a ser constantemente observados, por isso nunca se expunha **a céu aberto**[38] para não ser apanhada por um satélite. O Diogo achava que o isolamento da aldeia a estava a deixar paranóica.

O rapaz puxou o barrete vermelho para baixo para proteger as **orelhas**[39] do frio e olhou para o seu boneco de neve, meio derretido. Com as mãos **enluvadas**[40], **alisou**[41] a superfície da sua cabeça redonda e endireitou os paus que **faziam de**[42] braços. Depois, retirou do bolso uma cenoura torta e **espetou-a**[43] no meio da cara do boneco. O nariz fazia toda a diferença!

De um momento para o outro, o céu escureceu como se uma mão **tivesse envolvido**[44] o sol. Os **cristais de gelo**[45] que decoravam as árvores apagaram-se até desaparecerem e os olhos do boneco de neve ficaram escuros como uma noite sem **luar**[46]. Um **arrepio**[47] desceu pelas costas do rapaz e ele esfregou as mãos **regeladas**[48] à espera do primeiro floco de neve. Estava difícil conseguir acabar aquele boneco de neve. Parecia que os dias passavam **a fio**[49] e ele continuava sempre inacabado.

O Diogo **firmou**[50] os pés no chão e decidiu continuar até não conseguir mais. Com os primeiros **fiapos de neve**[51] veio a primeira **rajada**[52] de vento. Tão forte que o rapaz teve de se agarrar ao tronco de uma árvore **gelada**[53]. De repente, uma tempestade **abateu-se sobre**[54] o campo e a aldeia nas montanhas. O Diogo levou as mãos à cabeça, puxou o gorro vermelho para baixo encolheu-se entre duas pedras enquanto o mundo **rodopiava**[55] à sua volta. Ainda não era hoje que acabava o **maldito**[56] boneco.

A Joana **deixou cair**[57] o **papel de embrulho**[58] no chão e olhou para o **globo de neve**[59] na mão. No interior da esfera transparente, pequenas casinhas **aninhavam-se**[60] entre árvores pintadas de branco. À frente, uma criança fazia um boneco de neve.

A Joana tinha pedido um telemóvel de prenda no Natal, mas não podia **desiludir**[61] a avó. Por isso, olhou para a sua cara **enrugada**[62] e sorriu-lhe. Depois, **virou o globo ao contrário**[63] e **abanou-o**[64]. Um turbilhão de pontos brancos e brilhantes encheu o globo como se **nevasse**[65] na aldeia fictícia. A avó da Joana juntou as mãos, **deliciada**[66] com o efeito, e **ordenou-lhe**[67]:

— Abana-o **com mais força**[68]!

A neta fez como lhe foi pedido e virou de novo o globo **de pernas para o ar**[69]. Depois, observou o turbilhão de pontos brancos envolver de novo a aldeia. A pequena criança perto do boneco de neve pareceu levar as mãos à cabeça e puxar o seu gorro vermelho para baixo, antes de ficar coberta pelo manto branco.

FIM

---

1. **aldeia** (f, -s): village
   Esta aldeia tem só vinte e cinco habitantes.
2. **jóia** (f, -s): jewel
   A coroa do rei tem vários tipos de jóias.
3. **inverno** (m, -s): winter
   O inverno é a estação do ano que se segue ao outono.
4. **nevão** (m, -ões): blizzard
   Caiu um nevão tão forte que todas as estradas ficaram cortadas.
5. **descongelar**: defrost, thaw
   O lago descongelou assim que chegou a primavera.
6. **gota** (f, -s): drop
   Uma gota de suor escorreu pelo pescoço.
7. **bala** (f, -s): bullet
   O cowboy disparou a arma e a bala furou a parede.
8. **fofo** (adj): soft, fluffy
   Este bolo de chocolate é mesmo fofo.
9. **neve** (f, -s): snow
   A neve é branca e cai quando há nuvens e está frio.
10. **névoa** (f, -s): mist
    A névoa densa perto da costa impede os pescadores de irem pescar.
11. **gélido** (adj): icy
    A casa nas montanhas é gélida porque não tem aquecimento.
12. **ventania** (f, -s): gale
    A ventania fez voar o chapéu do João.
13. **floco de neve** (m, -s -): snowflake
    Os flocos de neve eram tão leves que demoravam a chegar ao chão.
14. **turbilhão** (m, -ões): whirlwind
    O turbilhão de vento fez rodopiar as folhas secas no ar.
15. **aldeão** (m, -ões): villager
    Os aldeões prepararam a festa na praça da aldeia.
16. **largar**: to drop
    A criança largou o brinquedo perto da água e uma onda levou-o.
17. **domingueiro** (adj): of Sunday
    A Ana vestiu o seu melhor vestido domingueiro.
18. **luva** (f, -s): glove
    As minhas luvas de lã ficaram todas molhadas quando fiz uma bola de neve com as mãos.
19. **gorro** (m, -s): beanie
    O gorro aquecia-me a cabeça porque tapava também as orelhas.
20. **escorrega** (m, -s): slide

João, não podes descer no escorrega de cabeça para baixo!

21. **baloiço** (m, -s): swing
    João, não dês muito balanço no baloiço porque podes cair de muito alto.
22. **invernoso** (adj): wintry
    Eu gosto muito de paisagens invernosas porque são bonitas e calmas.
23. **lareira** (f, -s): fireplace
    Os amigos foram à floresta apanhar lenha para acender a lareira.
24. **embaciado** (adj): steamy, misty
    O espelho da casa de banho fica sempre embaciado quando tomo banho.
25. **tédio** (m, -s): boredom
    Esta aula de matemática é um tédio. Estava quase a dormir.
26. **apanhar de surpresa**: to take by surprise
    O furacão apanhou todos de surpresa.
27. **cintilante** (adj): sparkling
    O anel de noivado da Carla tem um diamante cintilante.
28. **camada** (f, -s): layer
    No inverno é aconselhável vestir várias camadas de roupa para proteger do frio.
29. **gelo** (m, -s): ice
    Vou pôr gelo no joelho porque bati contra a mesa.
30. **derreter**: to melt
    Como estava muito calor, o gelado derreteu rapidamente.
31. **escorregadio** (adj): slippery
    Depois de lavar o chão é preciso ter cuidado a andar porque fica muito escorregadio.
32. **lamacento** (adj): slushy
    A estrada de terra ficou toda lamacenta depois da chuva.
33. **raio de sol** (m, -s -): sunbeam
    Os raios de sol passavam por entre a folhagem das árvores e iluminavam o interior da floresta.
34. **boneco de neve** (m, -s -): snowman
    A escola fechou, por isso as crianças foram fazer bonecos de neve.
35. **acenar**: to wave
    Eu acenei ao Pedro quando o comboio partiu.
36. **de volta**: back, in return
    O Filipe deu-me um beijo, e eu dei-lhe um beijo de volta.
37. **meter na cabeça**: to put into one's head
    Ele é hipocondríaco. Se sente alguma coisa, mete logo na cabeça que está doente.
38. **a céu aberto**: in the open air
    A aldeia tinha um esgoto a céu aberto.
39. **orelha** (f, -s): ear
    A menina tinha as orelhas furadas e usava brincos em forma de coração.
40. **enluvado** (adj): with gloves

O cirurgião tinha as mãos enluvadas quando começou a operação.

41. **alisar**: to smooth
    Estou a fazer um castelo de areia, mas preciso ainda de alisar a areia onde vou fazer a construção.

42. **fazer de**: to serve as
    A avó tinha um saco de plástico na cabeça a fazer de chapéu porque estava a chover.

43. **espetar em**: to stick in
    A avó estava a coser e espetou uma agulha no dedo.

44. **envolver**: to wrap up, to embrace, to envelop
    O cozinheiro envolveu o pato em ervas aromáticas.

45. **cristal de gelo** (m, -ais -): ice crystal
    Temos de desligar o congelador por um dia porque está cheio de cristais de gelo.

46. **luar** (m, -es): moonlight
    O luar permitia ver o caminho, caso contrário tinhamo-nos perdido na floresta.

47. **arrepio** (m, -s): chill, shiver
    A criança estava com arrepios porque estava com febre.

48. **regelado** (adj): chilled
    Eu não calcei as botas para ir andar na neve, por isso fiquei com os pés regelados.

49. **a fio**: on end
    As horas passavam a fio, mas o Carlos não chegava.

50. **firmar**: to secure
    A criança firmou a pá na areia para não ser levada por uma onda.

51. **fiapo de neve** (m, -s -): sleet
    Disseram que ia nevar, mas aquilo afinal eram só uns fiapos de neve.

52. **rajada** (f, -s): gust
    A rajada de vento arrancou a estufa do chão.

53. **gelado** (adj): frozen
    O lago está gelado, por isso podemos ir patinar.

54. **abater-se sobre**: to strike, to hit
    Uma chuva intensa abateu-se sobre a cidade.

55. **rodopiar**: to whirl
    A bailarina rodopiou no palco durante um minuto. Impressionante como não ficou tonta.

56. **maldito** (adj): darned
    O homem deitou veneno na cozinha, mas a maldita barata apareceu lá outra vez no dia seguinte.

57. **deixar cair**: to drop
    O bebé deixou cair a chucha no chão e começou a chorar.

58. **papel de embrulho** (m, -éis -): wrapping paper
    Eu tento sempre guardar o papel de embrulho de Natal para o ano seguinte.

59. **globo de neve** (m, -s -): snow globe
   O globo de neve tinha no interior um trenó com o Pai Natal.

60. **aninhar-se**: to nestle
   A raposa aninhou-se na sua toca e dormiu.

61. **desiludir**: to disappoint
   O César não queria desiludir os pais, por isso estudou muito para os testes.

62. **enrugado** (adj): wrinkled
   Cheguei à festa com o vestido todo enrugado porque fui de transportes públicos.

63. **virar ao contrário**: to turn inside out/upside down
   Eu tinha a camisola vestida ao contrário, por isso via-se a etiqueta na parte de trás.

64. **abanar**: to shake
   Tens de abanar o pacote de sumo antes de começar a beber.

65. **nevar**: to snow
   Eu nunca vi nevar. Eu moro nos trópicos.

66. **deliciado** (adj): delighted
   A gata dormia, deliciada, na sua cama nova.

67. **ordenar**: to command
   O general ordenou que as tropas voltassem para casa.

68. **com mais força**: to do something harder
   Tens de bater com os pés com mais força no chão para tirar a terra das botas.

69. **de pernas para o ar**: upside down
   O Daniel quis ir andar na montanha-russa, mas não gostou de ficar de pernas para o ar durante uns segundos.

EXERCÍCIOS

1) Ordena as frases de 1 a 5 de acordo com a ordem dos eventos na história.

a) A Joana recebeu o presente de Natal da avó, um globo de neve com uma pequena aldeia no interior. __

b) O Diogo foi para o campo para terminar o seu boneco de neve. __

c) Quando o Diogo estava a colocar o nariz no boneco, começou outra tempestade de neve. __

d) A caminho do campo, o Diogo viu a sua amiga Isabel à janela de sua casa e acenou-lhe. __

e) Uma aldeia estava a recuperar de um grande nevão que tinha caído durante a noite. __

2) Preenche os espaços no resumo da história. Escolhe a opção correta de entre as opções. Faz as necessárias alterações (se for um verbo, conjuga-o).

Uma aldeia nas montanhas tinha estado (1) _____ *(sobre / sob)* um forte nevão durante a noite. O nevão tinha sido tão forte que os habitantes da aldeia (2) _____ *(refugiar-se / preparar)* nas suas casas. No entanto, a manhã seguinte estava luminosa e a neve (3) _____ *(estar / ficar)* a derreter.

O Diogo foi para o campo para acabar o (4) _____ *(homem de neve / boneco de neve)* que tinha começado antes e que parecia nunca (5) _____ *(tentar / conseguir)* terminar.

A caminho do campo viu a sua amiga Isabel à janela e (6) _____-lhe *(acenar / gritar)*. Ela não ia sair de casa porque acreditava que estavam constantemente a ser observados.

Quando o Diogo estava a completar o boneco de neve com braços (7) _____ *(feitos para / feitos de)* paus e uma cenoura a (8) _____ *(passar de / fazer de)* nariz, o tempo mudou e começou novamente a nevar. O vento tornou-se (9) _____ *(tanto / tão)* forte, que o Diogo teve de agarrar o seu gorro vermelho com força para não voar. Nesse momento, apercebeu-se de que ainda não ia conseguir acabar o boneco nesse dia.

No final, percebemos que a aldeia nas montanhas (10) _____ *(fazer parte de / estabelecer-se em)* interior de um globo de neve. Esse globo de neve era a prenda de Natal da avó para a Joana. A neta virou o globo de neve ao contrário, (11) _____-o *(abanar / verter)* e viu no seu interior uma criança com um gorro vermelho a proteger-se do turbilhão de pontos brancos.

SOLUÇÕES

1)

1. (e) / 2. (b) / 3. (d) / 4. (c) / 5. (a)

2)

1. sob
2. se tinham refugiado (refugiar-se)
3. estava (estar)
4. boneco de neve
5. conseguir
6. acenou (acenar)
7. feitos de
8. fazer de
9. tão
10. fazia parte do (fazer parte de)
11. abanou (abanar)

HISTÓRIA 6

A MIGRAÇÃO

Era por um caminho **sinuoso**[1] que **avançavam**[2] as árvores que **migravam**[3] para o sul. Todos os anos se passava o mesmo, as árvores eram tantas e deslocavam-se tão lentamente, **atrapalhadas**[4] pelas suas pesadas **raízes**[5], que o caminho ficava **intransitável**[6] por qualquer outra pessoa ou **ser**[7] imaginário. Quem queria fazer o único caminho até ao outro lado da montanha por aqueles meses, teria de **arranjar**[8] uma alternativa. E essas não eram as melhores. Ou se **apanhava boleia**[9] nas **garras**[10] de uma **águia**[11]-dos-tronos (geralmente com pouca paciência para **intrusos**[12]) ou se subia de **insuflável**[13] (que não era **dirigível**[14] e flutuava **ao sabor dos ventos**[15] **podendo mesmo**[16] ir cair no mar gelado para o norte). Por estas e outras razões, que não vou perder agora tempo a **enumerar**[17], nesta altura do ano, as pessoas ficavam onde estavam.

～

Empoleirado[18] entre as **ameias**[19] da torre do castelo, Potis **balouçava**[20] as curtas pernas para cá e para lá enquanto observava o **desfile**[21] de árvores ao longe. Por um lado, **invejava**[22]-lhes a liberdade, **não fosse o facto de**[23] estarem dependentes das estações e regressarem no fim do inverno.

A sua memória levou-o ao **carvalho**[24] que vivia no pátio do castelo quando Potis era (ainda mais) pequeno. Tinha **cravado**[25] "poTis" no seu tronco mal **acabara**[26] de aprender a escrever e tinha usado o seu volumoso **tronco**[27] para jogar muitas vezes **às escondidas**[28].

No ano da primeira **migração**[29], depois da Grande **Seca**[30], o carvalho **fora-se embora**[31] para nunca mais voltar. **Deixara**[32] pelo caminho o muro do castelo em ruínas e dois **jardineiros**[33] com **ferimentos ligeiros**[34].

— Tive uma ideia. — disse Potis sem olhar para o companheiro Fasco que **dormitava**[35] numa **sombra**[36] apertada. — Porque é que as pessoas não sobem às árvores **migratórias**[37]? Prendem lá num **ramo**[38] uma **rede**[39] para dormirem à noite e vão assim **de viagem**[40].

Fasco não abriu os olhos pesados de **preguiça**[41], mas respondeu.

— **Vê-se mesmo que**[42] nunca experimentaste fazer isso.

Potis virou-se para trás e observou o companheiro.

— Porquê? Tu já?

— **Digamos que**[43] há pouca coisa que eu não tenha já experimentado. — respondeu Fasco a **coçar**[44] a barriga.

— **Ninguém diria**[45]. Só te vejo **a dormir pelos cantos**[46].

O pequeno Potis não o disse, mas ficou intrigado com a revelação de Fasco. Se ele já tinha experimentado viajar numa das árvores, então ele também o podia fazer.

∽

Nessa mesma noite, um **pónei**[47] com um passageiro aproximou-se da fila de árvores que avançava **a passo de caracol**[48]. Os seus movimentos pesados e rítmicos ecoavam como as **batidas**[49] de um enorme **tambor**[50] no coração da montanha.

O pónei Juminho **arregalou**[51] os olhos e recusou-se a dar **mais um passo que fosse**[52].

— **Mariquinhas**[53]! — disse-lhe Potis ao ouvido enquando apeava[54]. Pegou no saco onde levava a rede para pendurar de um ramo e chegou perto de um **imponente**[55] **castanheiro**[56]. Parecia **bem**[57] mais pequeno ao longe.

— Desculpe **incomodar**[58], senhora Árvore, mas importa-se que **aproveite**[59] a boleia?

Como a árvore não lhe respondeu, Potis agarrou-se ao tronco e tentou subir para um dos ramos baixos, mas as pernas curtas **atraiçoaram**[60]-no e ele caiu **em cheio**[61] de costas no chão.

Voltou a tentar, desta vez saltando diretamente para um ramo, mas curvou-se e lançou-o para longe como uma **fisga**[62].

Potis ficou sentado na terra a vê-las passar, **uma atrás da outra**[63]. Quando **estava prestes a**[64] **desistir**[65], viu algo que o **sobressaltou**[66]. O seu nome **esbatido**[67], cravado no tronco de um carvalho. Levantou-se **num ápice**[68] e correu para a árvore.

— Lembra-se de mim, senhora Árvore? Sou eu! O Potis! Posso subir?

O carvalho, que dava naquele momento uma grande passada com uma raiz coberta de cogumelos, fez uma pausa. Atrás de si, as árvores **tropeçaram**[69] e ouviu-se madeira a **rachar**[70]. Do carvalho desceu um ramo e as folhas **ondularam**[71] como se o chamassem. O rapaz subiu para a árvore e o movimento da marcha **retomou**[72].

~

Na primeira sombra da tarde, Fasco dormitava e deixava os pensamentos **vaguear**[73]. Questionava-se onde andaria Potis. Com um desconforto no estômago achou que, se calhar, teria sido boa ideia avisá-lo melhor sobre os perigos da migração.

O rapaz sorriu. Que disparate! Não havia razão para se preocupar. Potis **nem sequer era capaz de**[74] saltar por cima do estreito ribeiro à saída da floresta, **quanto mais**[75] subir a uma árvore em movimento. Sem pensar mais sobre o assunto, Fasco adormeceu finalmente, mas o seu sono irrequieto **foi assolado por**[76] uma memória distante:

> *Num momento Fasco estava a balouçar no ramo de uma árvore migratória a caminho de uma aventura emocionante, no outro estava a ser arrancado da árvore pela tribo de canibais das montanhas.*

Por entre as folhas do carvalho, Potis viu a silhueta do castelo a **delinear-se**[77] à distância pelo **nascer do Sol**[78]. Depois, olhou para a frente, ansioso para ver o que o esperava do outro lado da montanha.

FIM

---

1. **sinuoso** (adj): winding
   Eu não gosto de conduzir em estradas sinuosas porque fico mal-disposto.
2. **avançar**: to advance
   O trânsito estava a avançar lentamente porque era hora de ponta.
3. **migrar**: to migrate
   As cegonhas migraram para o Norte de África durante o inverno.
4. **atrapalhado** (adj): jumbled
   A secretária entrou atrapalhada no escritório porque levava muitos dossiers nas mãos.

5. **raiz** (f, -ízes): root
   Não consegues escavar um buraco perto de uma árvore por causa das raízes.
6. **intransitável**: impassable
   A estrada está intransitável por causa da árvore que caiu.
7. **ser** (m, -es): being
   O João adora jogar jogos de computador com seres assustadores.
8. **arranjar**: to find (a way)
   Temos de arranjar uma maneira de acabar este projeto a tempo.
9. **apanhar boleia**: to catch a ride
   Eu apanhei boleia no carro do meu vizinho.
10. **garra** (f, -s): claw
    A águia agarrou no coelho com as suas garras.
11. **águia** (f, -s): eagle
    A águia vive nas escarpas da montanha.
12. **intruso** (m, -s): intruder.
    O intruso entrou em casa pela janela aberta.
13. **insuflável** (m, -eis): inflatable (balloon)
    Eu nunca voei num insuflável.
14. **dirigível** (adj): dirigible, steerable
    O balão não é dirigível porque não consegues controlar para onde ele vai.
15. **ir ao sabor do vento**: to go where the wind takes you
    As folhas voaram ao sabor do vento.
16. **podendo mesmo**: may even
    Os preços vão subir mais, podendo mesmo chegar a valores históricos.
17. **enumerar**: to enumerate, to list
    Consegues enumerar todos os países da América do Sul?
18. **empoleirado** (adj): perched
    O pássaro estava empoleirado no seu poleiro na gaiola.
19. **ameia** (f, -s): merlon (a part fo the battlement)
    O arqueiro disparou uma flecha por entre as ameias.
20. **balouçar**: to swing
    A criança foi a correr para o baloiço porque adorava balouçar.
21. **desfile** (m ,-s): parade
    O desfile de palhaços animou as crianças.
22. **invejar**: to envy
    O Flávio inveja o vizinho porque ele tem um carro maior.
23. **não fosse o facto de**: were it not for the fact that
    Eu gostaria de trabalhar nesta empresa, não fosse o facto de o ordenado ser baixo.
24. **carvalho** (m -s): oak
    O carvalho estava cheio de bolotas porque era outono.
25. **cravar**: to carve
    O homem usou um canivete para cravar o seu nome na madeira.

26. **acabara** (= tinha acabado): had finished > pretérito mais-que-perfeito simples

   Acabara de adormecer (tinha acabado de adormecer), quando o telefone tocou.

27. **tronco** (m, -s): trunk

   O homem acertou com o machado no tronco para deitar a árvore abaixo.

28. **jogar às escondidas**: to play hide and seek

   O Paulo escondeu-se dentro do armário da cozinha quando estava a jogar às escondidas.

29. **migração** (f, -ões): migration

   Os habitantes da vila ficaram a ver a migração das cegonhas durante horas.

30. **seca** (f, -s): drought

   A seca de vários meses deixou o rio seco, sem água.

31. **fora-se embora** (= tinha-se ido embora): had left, had gone > pretérito mais-que-perfeito simples

   O João fora-se embora (tinha-se ido embora) sem dizer adeus.

32. **deixara** (= tinha deixado): had left > pretérito mais-que-perfeito simples

   A mãe deixara cair (tinha deixado cair) a panela.

33. **jardineiro** (m, -s): gardener

   O jardineiro cortou as sebes e varreu as folhas mortas para um canto.

34. **ferimento ligeiro** (m, -s -s): minor injury

   O acidente foi aparatoso, mas os condutores dos carros só tiveram ferimentos ligeiros.

35. **dormitar**: to doze, to snooze

   Parece que o gato está a dormir, mas está só a dormitar. As orelhas mexem quando ouve um barulho.

36. **sombra** (f, -s): shadow, shade

   Eu procurei uma sombra porque o dia estava tão quente, mas não havia uma única porque era meio-dia.

37. **migratório** (adj): migratory

   As aves migratórias voam durante dias para chegar ao novo local.

38. **ramo** (m, -s): branch

   Não te sentes nesse ramo porque és muito pesado e o ramo pode partir.

39. **rede** (f, -s): hammock

   Eu gosto muito de dormir a sesta na rede porque o movimento me embala. O problema são os mosquitos.

40. **ir de viagem**: to go on a journey

   Quando é que vais de viagem para os Pirinéus?

41. **preguiça** (f, -s): laziness

   Tens de combater a preguiça com ação. Caso contrário, não sais do sofá.

42. **vê-se mesmo que** (expressão): one can really tell that

   Ele adora bacalhau! Vê-se mesmo que é português.

43. **digamos que** (expressão): let's say that

Se o filme foi bom? Digamos que não foi tão bom como estava à espera, mas também não foi assim tão mau.

44. **coçar**: to scratch

    Não coces as picadas de melga.

45. **ninguém diria**: no one would say

    Como é que ele ainda não consegue estacionar um carro? Ninguém diria que já tem a carta de condução há vinte anos.

46. **a dormir pelos cantos**: sleeping anywhere

    Não podes trabalhar até tão tarde. Agora andas a dormir pelos cantos.

47. **pónei** (m, -s): pony

    As crianças adoram os póneis porque são muito fofos.

48. **a passo de caracol** (expressão): at a snail's pace

    A minha avó anda a passo de caracol. Não porque tenha dores nas costas, mas porque gosta de ter tempo para espreitar pela janela da casa dos vizinhos.

49. **batida** (f, -s): beat

    A batida desta música é muito boa.

50. **tambor** (m, -es): drum

    Por favor, para de tocar tambor porque já me dói a cabeça.

51. **arregalar**: widen

    Escusas de arregalar os olhos porque eu não tenho medo de ti.

52. **mais (um passo) que fosse**: not even one (step) further

    Eu já tinha comido muito, por isso não conseguia comer mais uma migalha que fosse.

53. **mariquinhas**: chicken (coward)

    Tens medo de aranhas? Mariquinhas!

54. **apear**: to dismount

    O Joaquim apeou do cavalo como um verdadeiro cowboy.

55. **imponente** (adj): imposing

    O castelo no topo do monte era tão imponente que fazia sombra na vila inteira.

56. **castanheiro** (m, -s): chestnut tree

    Este castanheiro dá muitas castanhas.

57. **bem** (enfático): a lot, very

    Esta saia é bem bonita.

58. **incomodar**: to disturb

    Eu deixei um sinal de "Não incomodar" na porta do meu quarto de hotel porque queria dormir.

59. **aproveitar**: to take advantage of

    Eu tenho de aproveitar este bom tempo para ir passear.

60. **atraiçoar**: to betray

    A Belinha sentiu-se atraiçoada pela amiga porque ela deu um beijo ao seu namorado.

61. **em cheio**: smack, right in

    O jogador de boxe deu um murro em cheio na cara do adversário.

62. **fisga** (f, -s): slingshot

     Quando era pequeno, o meu avô adorava atirar pedras aos pássaros com uma fisga.

63. **um atrás do outro**: one after the other

     Os trabalhadores da empresa foram todos despedidos um atrás do outro.

64. **estar prestes a**: to be about to

     Está prestes a chover. Temos de nos despachar porque não temos chapéu-de-chuva.

65. **desistir**: to give up

     Vais desistir do teu curso?

66. **sobressaltar**: to startle

     A sirene de uma ambulância sobressaltou-me porque estava concentrada a trabalhar.

67. **esbatido** (adj): faded

     Eu adoro esta blusa, mas já foi lavada tantas vezes que está com as cores esbatidas.

68. **num ápice**: quickly

     O cão levantou-se num ápice quando ouviu o som da comida a cair no seu prato.

69. **tropeçar**: to stumble

     Cuidado para não tropeçares nos cabos que estão esticados no chão. Estive a montar o computador novo e ainda não arrumei tudo.

70. **rachar**: to crack

     Quando o espelho caiu ao chão, rachou.

71. **ondular**: to wave

     Os cortinados ondularam ao sabor do vento.

72. **retomar**: to resume

     Depois da pausa, os jogadores retomaram a partida.

73. **vaguear**: to wander

     O meu cão adora vaguear pelos campos e nunca se perde.

74. **nem sequer (ser capaz de)**: to not even (be able to)

     O quê? Tu nem sequer tens um emprego? Então, porque é que queres casar agora?

75. **quanto mais**: let alone

     A Daniela nem sequer sabe contar até mil, quanto mais ser contabilista.

76. **ser assolado por**: to be seized by

     Ele foi assolado por um forte sentimento de arrependimento.

77. **delinear-se**: to outline

     Um plano começou a delinear-se na minha cabeça.

78. **nascer do Sol**: sunrise

     O nascer do Sol hoje foi às sete da manhã.

EXERCÍCIOS

1) Ordena as frases de 1 a 5 de acordo com a ordem dos eventos na história.

a) Pois perguntou ao amigo Fasco a razão pela qual as pessoas não apanhavam boleia nas árvores migratórias. __

b) Pois observava ao longe a migração de árvores que se deslocava pelo caminho que levava ao outro lado das montanhas. __

c) O amigo Fasco questionou-se se deveria ter avisado Potis dos perigos de viajar numa árvore migratória. __

d) Pois reconheceu um carvalho que conhecia quando era pequeno, e a árvore deixou-o subir para os seus ramos. __

e) Pois decidiu tentar subir a uma árvore migratória, mas a primeira tentativa não correu bem. __

2) Preenche os espaços no resumo da história. Escolhe a opção correta de entre as opções. Faz as necessárias alterações (se for um verbo, conjuga-o).

O pequeno Potis, sentado na torre do castelo, observava a (1) _____ *(migração / mudança)* das árvores ao longe. Todos os anos, as árvores viajavam para lá das montanhas deixando o caminho (2) _____ *(tapado / bloqueado)* para todos os outros viajantes até ao final do inverno.

Potis sentia (3) _____ *(inveja / gelosia)* da liberdade das árvores e lembrou-se do carvalho que (4) _____ *(aumentar / crescer)* no pátio do castelo quando ele era pequeno, e que se tinha ido embora na primeira migração depois da Grande Seca.

Potis perguntou ao seu amigo Fasco porque é que as pessoas que queriam viajar durante esta altura não subiam às árvores e (5) _____ *(apanhar / tomar)* boleia. O amigo (6) _____ *(dar a entender / dar a escolher)* que a ideia não era boa porque ele já a (7) _____ *(experimentar / provar)*.

No entanto, Potis meteu-se no seu pónei Juminho à noite e aproximou-se das árvores que se deslocavam (8) _____ *(numa linha / em fila)*. O pónei recusou-se a continuar, com receio, mas Potis (9) _____ *(tentar / conseguir)* subir a uma das árvores. A tentativa foi (10) _____ *(mal sucedida / mal terminada)* e Potis caiu de costas no chão.

Quando estava prestes a desistir, ele reconheceu o carvalho que vivia no pátio do castelo quando era pequeno. A árvore também o reconheceu e (11) _____-o *(deixar / fazer)* subir para os seus ramos.

Mais tarde, Fasco questionava-se porque Potis ainda não tinha aparecido e se (12) _____ *(ser /estar)* melhor avisá-lo que era perigoso tentar viajar numa árvore migratória. Confiante de que Potis não (13) _____ *(fazer / dever)* isso porque era demasiado pequeno, Fasco (14) _____ *(adormecer / dormir)*.

No entanto, a memória da sua própria viagem numa árvore migratória apareceu-lhe na mente, em particular, o momento (15) _____ *(no que / em que)* tinha sido tirado da árvore pela tribo de canibais das montanhas.

SOLUÇÕES

1)

1. (b) / 2. (a) / 3. (e) / 4. (d) / 5. (c)

2)

1. migração
2. bloqueado
3. inveja
4. crescia
5. apanhavam (apanhar)
6. deu a entender (dar a entender)
7. tinha experimentado (experimentar)
8. em fila
9. tentou (tentar)
10. mal sucedida
11. deixou (deixar)
12. teria sido / tinha sido (ser)
13. faria / fazia (fazer)

14. adormeceu (adormecer)
15. em que

HISTÓRIA 7

MUDANÇA DE PLANOS

No presente

Eu já tinha entrado algumas vezes na igreja abandonada no **limiar**[1] da floresta. Os rapazes do grupo gostavam de me **picar**[2], dizendo que eu não era capaz de lá ir, sabendo perfeitamente que eu não resistia a um **desafio**[3]. Especialmente quando o meu **orgulho**[4] estava em risco (se calhar é assim para todos os **miúdos**[5] mais **baixinhos**[6]). Já chamavam outros das **redondezas**[7] só para me verem, unidos pela excitação de possivelmente verem o impossível.

Às vezes, eu entrava lá mesmo quando ia sozinho a caminho de casa. Nestas incursões podia exibir os meus olhos **esbugalhados**[8], as minhas costas **medrosas**[9] e as minhas pernas rígidas, sem ser **julgado**[10]. Cada dia **aventurava-me**[11] um pouco mais longe. Abria portas fechadas na **sacristia**[12] com uma mão tremelicante, espreitava de olhos fechados para dentro de buracos no chão, passava por corredores vazios **espalmado contra**[13] a parede de tinta a **descascar**[14] para não ser apanhado de surpresa por algum

espectro[15] do outro mundo. Depois, saía **afogueado**[16] pela porta principal **como que**[17] **cuspido**[18] por um **canhão**[19] invisível.

Mas este esforço **valia a pena**[20], achava eu na altura. Quando voltava a entrar sob o olhar **troçante**[21] dos rapazes, eu podia fazê-lo com a confiança de um aventureiro **destemido**[22]. Eu sabia que a igreja não era mais do que uma **carcaça**[23]; paredes sem significado a dividir espaços sem nada. Mas aos seus olhos, eu podia estar a entrar para nunca mais sair.

No último dia em que lá entrei, a **rapaziada**[24] tinha toda ido ver. Até a Maria João, a filha mais velha da vizinha dos meus avós, lá estava em pé e de braços cruzados a **mastigar**[25] uma **pastilha**[26] que de vez em quando soprava até rebentar com um **estrondo**[27]. A sua presença deixava-me **inquieto**[28]. **Afinal de contas**[29], a irmã daquele que tinha desaparecido da vila **sem deixar rasto**[30] há mais de dez anos não seria alguém facilmente impressionável.

Contavam as paredes da escola que o seu irmão, Julito, de quinze anos, tinha roubado os **cofres**[31] da sacristia e fugido com as **relíquias**[32] do **santo padroeiro**[33] dentro da sua **mochila**[34] vermelha no primeiro autocarro na **madrugada**[35] de dois de junho em direção à grande cidade. Nunca mais tinha sido visto.

Eu **mordi**[36] o interior da **bochecha**[37] e olhei para a igreja abandonada. A velha porta da entrada abanava muito ligeiramente como que apanhada numa **corrente de ar**[38]. Os **vitrais**[39] tinham perdido a cor e as janelas sem vidros na sacristia eram como **poços**[40] sem fundo para onde não se devia olhar.

— Então, **puto**[41]? — gritou o Mendes a **alongar**[42] as **vogais**[43]. Inclinou a cabeça na direção da porta e arqueou as sobrancelhas. "Vai! Vai! Vai!" gritaram todos **em coro**[44] atrás dele.

Eu **engoli em seco**[45] e dei os dez passos até à entrada da igreja com o sol das onze a criar uma aura negra à volta das coisas. Antes de entrar, reparei que o Mendes **piscou o olho**[46] à Maria João. Parecia que, também ele, estava interessado em impressioná-la.

O **burburinho**[47] das vozes **desmaiou**[48] quando encostei a porta atrás de mim, estranhamente **aliviado**[49] por estar no interior da igreja. O objetivo daquele dia era chegar até à maior janela da sacristia e de lá **acenar**[50] triunfantemente. O único problema é que seria a primeira vez que **me arriscaria a**[51] entrar lá.

O chão de madeira devia **ranger**[52] sob os pés de alguém mais pesado, mas manteve-se silencioso sob os meus quinze anos de idade.

A minha visão prendeu-se na porta aberta no fim do corredor. Uma luz **alaranjada**[53] **pulsante**[54] **emanava**[55] do interior do quarto como se alguém se estivesse a aquecer diante de uma **fogueira**[56].

Eu não queria ir, não queria mesmo, mas fui até à porta aberta. Lá dentro, mesmo no meio do quarto, estava um grande **triângulo**[57] suspenso feito de três **arestas**[58] de luz. **À medida que**[59] a luz se intensificava, crescia com ela um **zumbido**[60] elétrico.

Eu não sabia o que aquilo era, nunca tinha visto nada assim. Enfiei a mão pelo triângulo e senti-a fria do outro lado. Como se pequenos flocos de neve **pousassem**[61] na minha pele. Tirei a mão e esfreguei-a.

Foi nesse momento de introspeção que a mochila vermelha no chão me **chamou a atenção**[62]. Estava suja de **pó**[63] e coberta de restos de **teias de aranhas**[64] que já deveriam ter ido viver para outro lado. Abri o fecho e tirei do interior um caderno escrito com letra de miúdo, um **cromo**[65] de futebol, uma caneta e um **caroço**[66] de qualquer coisa. Numa **etiqueta**[67] **esbatida**[68] no interior li:

Julito

Apanhado de surpresa[69] com a revelação de que tinha nas mãos a mochila do desaparecido irmão de Maria João, imaginei Julito a perder ali a sua mochila na noite em que assaltou a sacristia. Imaginei-o também, estes anos todos depois, algures **à beira-mar**[70], longe da vila, a beber uma piña colada.

Se calhar, eu devia fazer a mesma coisa. Pegar nas minhas **trouxas**[71] e **pôr-me a andar**[72].

Em vez disso, com pernas **vacilantes**[73], pus-me **em bicos de pés**[74] e olhei através das arestas do triângulo. Antes que pudesse perceber o que estava a ver, uma mão determinada saiu do seu interior, agarrou-me no braço e puxou-me bruscamente para o outro lado.

~

Dez anos antes

Julito puxou os **lençóis**[75] da cama, onde estava deitado, para trás revelando que estava vestido, pronto para sair de casa. Com movimentos **treinados**[76], pegou na mochila vermelha que tinha escondida debaixo da cama e saiu pela janela do quarto.

Lá fora, a lua **minguante**[77] parecia **fazer pouco dele**[78], iluminando tão bem como a chama de uma **vela**[79] **mortiça**[80]. Parecia determinada a **estragar**[81]-lhe os planos, assim como a sua irmã **bisbilhoteira**[82]. Julito tinha-a apanhado a abrir as gavetas do seu quarto e ele **vira-se obrigado a**[83] esconder o bilhete de autocarro fora de casa, na igreja. Tinha-o enfiado atrás dos **ossos**[84] do santo quando o **padre**[85] estava distraído a beber o vinho da **missa**[86]. O homem de **batina**[87] ainda olhara para ele, mas já estava **bêbado**[88] demais para perceber que o rapaz estava a enfiar uma das chaves da sacristia no bolso.

Sem tempo a perder em memórias idas, Julito entrou na igreja. **Acercou-se do**[89] **altar**[90] das relíquias e enfiou a mão por trás da pequena caixa. Já com o bilhete na mão, o rapaz só precisava de apanhar o autocarro em direção à cidade para se livrar definitivamente daquela vila no fim do mundo. **Pelo sim, pelo não**[91], enfiou também a caixa dos restos do santo na mochila. Ele podia atirar os ossos ao cão **dos Mendes**[92] se ele aparecesse a meio do caminho a **chateá-lo**[93], e a caixa ele podia vender a bom preço.

Um brilho alaranjado chamou-lhe a atenção. Vinha de uma das salas da sacristia. Era como se alguém se aquecesse diante de uma fogueira.

Ele não queria ir, não queria mesmo, mas foi até à porta aberta. Lá dentro, mesmo no meio do quarto, estava um grande triângulo suspenso feito de três arestas de luz. À medida que a luz se intensificava, crescia com ela um zumbido elétrico.

Ele não sabia o que aquilo era, nunca tinha visto nada assim. Enfiou a mão pelo triângulo e sentiu-a fria do outro lado. Como se pequenos flocos de neve pousassem na sua pele. Tirou a mão e esfregou-a.

Depois, com pernas vacilantes, pôs-se em bicos de pés e passou uma perna para o outro lado, sem saber que ficaria lá **preso**[94] por dez anos. Até por ali aparecer outro rapaz com quem ele pudesse trocar de lugar.

No presente

Eu agarrei-me com força às arestas do triângulo e **esperneei**[95] para me soltar. Mas mesmo sem querer, já estava do outro lado. Antes de ver a paisagem branca de inverno que se estendia **a perder de vista**[96], senti o frio penetrante. Um homem num **casaco de peles**[97] e cabelo em **tranças**[98] puxava-me ainda a perna, **grunhindo**[99] como um **louco**[100].

— Julito? — perguntei eu.

O homem olhou para mim como se tivesse ouvido a sugestão que o tirava de uma hipnose profunda. No momento em que **afrouxou**[101] a mão que me prendia, eu mergulhei de volta para o meu mundo e caí no chão, **arfante**[102], como se tivesse corrido uma maratona.

Eu abri a porta da igreja abandonada e saí para a luz do meio-dia com uma mão à frente dos olhos. O Mendes, **não me tendo visto**[103] a acenar da janela da sacristia **como prometido**[104], gritou:

— Mariquinhas!

E os rapazes do grupo repetiram-no, em coro. Ao longe, ouvi a Maria João a rebentar mais um **balão**[105].

Com uma mão no ar, eu **pigarreei**[106] e pedi silêncio.

— Qual é a tua desculpa, puto? — perguntou o Mendes a olhar para os outros como um chimpanzé a pedir **aprovação**[107].

— Eu confesso, tenho medo de entrar na sala. Quem é aqui o rapaz mais **corajoso**[108]? **Ele que**[109] me mostre **como se faz**[110]! — disse eu.

O Mendes juntou as sobrancelhas, surpreso. Depois olhou para a Maria João que olhava **com enfado**[111] para uma unha pintada.

— Esse sou eu, claro! — disse o Mendes a aproximar-se de mim.

Fiz-lhe um gesto para entrar na igreja à minha frente.

— Os mais velhos primeiro. — disse eu, enquanto piscava o olho à Maria João e fechava a porta da igreja abandonada atrás de mim.

FIM

1. **limiar** (m, -es): edge
   Muitas pessoas vivem no limiar da pobreza.
2. **picar**: to tease
   Leonor, para de picar o teu irmão. Daqui a nada está irritado.
3. **desafio** (m, -s): challenge
   Eu gosto do meu trabalho porque tem muitos desafios.
4. **orgulho** (m, -s): pride
   A minha filha ganhou a competição. Tenho muito orgulho dela.
5. **miúdo** (m, -s): kid
   No fim de semana gosto de levar os miúdos à praia.
6. **baixinho** (adj): very short
   A Ana tem quinze anos, mas é mesmo baixinha.
7. **redondezas** (f, pl): surroundings
   Há vários parques nas redondezas da minha casa.
8. **esbugalhado** (adj): bulging, google-eyed
   O Pedro ficou esbugalhado quando viu a nave espacial.
9. **medroso** (adj): fearful
   O meu cão é muito medroso e começa logo a ladrar.
10. **julgar**: to judge
    O juiz julgou o caso mediático.
11. **aventurar-se**: to venture
    O turista aventurou-se para fora do caminho e perdeu-se na montanha.
12. **sacristia** (f, -s): sacristy
    A sacristia fica na parte de trás da igreja.
13. **espalmar contra**: to flatten against
    O vento espalmou a folha contra a janela.
14. **descascar**: to peel
    Tenho de descascar dois quilos de batatas.
15. **espectro** (m, -s): ghost
    O espectro atravessou a parede.
16. **afogueado** (adj): breathless
    O passageiro entrou afogueado no comboio porque quase o perdia.
17. **como que**: as if
    Ele falou como que inspirado por Deus.
18. **cuspir**: to spit
    Quando provei o leite estragado, cuspi-o.
19. **canhão** (m, -ões): cannon
    Os canhões dispararam balas contra o outro navio.
20. **valer a pena**: to be worth
    Não vale a pena esperar pelo próximo comboio. A pé vamos mais depressa.
21. **troçante** (adj): mocking
    O Diogo faz um ar troçante quando me ouve a gaguejar.

22. **destemido** (adj): fearless

    O gato é destemido porque tem crias por perto.

23. **carcaça** (f, -s): carcass

    Havia uma carcaça de veado na floresta.

24. **rapaziada** (f, -s): guys

    Vamos lá, rapaziada!

25. **mastigar**: to chew

    Tens de mastigar várias vezes a comida antes de engolir.

26. **pastilha** (elástica) (f, -s): bubble gum

    Oops, acho que engoli a pastilha elástica.

27. **estrondo** (m, -s): bang

    Quando o piano caiu do terceiro andar, fez um grande estrondo.

28. **inquieto** (adj): restless

    O bebé está inquieto porque os dentes estão a nascer.

29. **afinal de contas**: after all

    Afinal de contas, o preço da gasolina não baixou.

30. **sem deixar rasto**: without a trace

    O criminoso desapareceu sem deixar rasto. A polícia não sabe onde ele está.

31. **cofre** (m ,-s): safe box

    O ladrão rebentou o cofre e roubou o dinheiro.

32. **relíquia** (f, -s): relic

    Eu não consegui ver as relíquias do santo porque eram muito pequenas e a igreja estava cheia de gente.

33. **santo padroeiro** (m, -s -s): patron saint

    O santo padroeiro de Lisboa é São Vicente.

34. **mochila** (f, -s): backpack

    Fiquei com dores nas costas porque a mochila estava muito pesada.

35. **madrugada** (f, -s): dawn

    A madrugada estava fresca porque o sol ainda não tinha aparecido completamente.

36. **morder**: to bite

    O cão do meu vizinho mordeu-me no tornozelo.

37. **bochecha** (f, -s): cheek

    Quando faço exercício fico com as bochechas vermelhas.

38. **corrente de ar** (f, -s -): draft

    Não fiques sentado na corrente de ar porque apanhas uma constipação.

39. **vitral** (m, -ais): stained glass

    Os vitrais criam uma linda luz colorida dentro da catedral.

40. **poço** (m, -s): pit, well

    Nós colocámos uma rede à volta do poço, mas mesmo assim, a ovelha saltou lá para dentro.

41. **puto** (m, -s): kid (informal)

    Olha, puto! Dás-me um euro?

42. **alongar**: to stretch

É bom alongar os músculos antes de começar a fazer exercício.

43. **vogal** (f, -ais): vowel
   O meu filho tem dois anos e já sabe dizer as vogais todas.

44. **em coro**: in unison
   Quando as crianças viram a sopa, gritaram "Não quero!" em coro.

45. **engolir em seco**: to swallow hard
   Quando eu ia a conduzir na auto-estrada, vi a polícia na berma da estrada e engoli em seco.

46. **piscar o olho**: to wink
   O Francisco piscou-me o olho por isso eu acho que ele gosta de mim.

47. **burburinho** (m, -s): hubbub
   Quando a mulher entrou na missa sem roupa, ouviu-se um burburinho.

48. **desmaiar**: to faint
   Eu não quero levar a vacina porque tenho medo de agulhas e desmaio.

49. **aliviado** (adj): relieved
   A Ana ficou tão aliviada quando encontrou a sua carteira na rua.

50. **acenar**: to wave
   O Papa acenou à multidão.

51. **arriscar-se a**: to risk
   Ele arriscou-se a entrar na gruta e nunca mais de lá saiu.

52. **ranger**: to creak
   A porta rangeu porque não era aberta há muito tempo.

53. **alaranjado** (adj): in orange tones
   O nascer do Sol tinha uns lindos tons alaranjados.

54. **pulsante** (adj): pulsating
   Eu tinha uma dor pulsante na cabeça.

55. **emanar**: to emanate
   O caixote de lixo está a emanar um cheiro estranho.

56. **fogueira** (f, -s): bonfire
   Vou apanhar lenha na floresta para fazer uma fogueira em frente à tenda.

57. **triângulo** (m, -s): triangle
   Um triângulo tem três arestas e três vértices.

58. **aresta** (f, -s): edge
   Um cubo tem doze arestas.

59. **à medida que**: as
   Eu ficava cada vez com mais sono à medida que o professor falava cada vez mais baixo.

60. **zumbido** (m, -s): buzz
   As abelhas faziam um zumbido altíssimo.

61. **pousar**: to land
   O pássaro pousou no ramo da árvore e piou.

62. **chamar a atenção**: to draw attention
   A Sónia chamou-me a atenção assim que entrou na sala.

63. **pó** (m, -s): dust

Há quanto tempo não limpas o pó na tua casa? Já não vejo a cor dos móveis.

64. **teia de aranha** (f, -s -): cobweb

    Quando entrei no sótão, fiquei com uma teia de aranha na cara.

65. **cromo** (m, -s): sticker

    O meu filho quer ter uma caderneta para colar os cromos dos jogadores de futebol.

66. **caroço** (m, -s): stone, pit (fruit)

    O João gosta de guardar os caroços de pêssego.

67. **etiqueta** (f, -s): tag

    O escritório do meu pai está muito organizado. Todos os cabos que saem do computador têm uma etiqueta.

68. **esbatido** (adj): faded

    A tinta da porta está esbatida porque está sempre ao sol e perde a cor.

69. **apanhar de surpresa**: to take by surprise

    A subida dos preços apanhou-me de surpresa.

70. **à beira-mar**: by the sea

    Nós adoramos passear à beira-mar.

71. **trouxa** (f, -s): bundle of clothes

    Eu fiz uma trouxa com a roupa para lavar.

72. **pôr-se a andar**: to get moving, to get going, to leave

    Põe-te a andar! Não te quero ver.

73. **vacilante** (adj): wobbly

    A mesa tem uma perna mais curta do que as outras, por isso está vacilante.

74. **em bicos de pés**: on tiptoes

    A criança precisa de se pôr em bicos de pés para chegar ao balcão do café.

75. **lençol** (m, -óis): sheet

    Ainda não mudaste os lençóis da cama?

76. **treinar**: to train

    Os jogadores treinam sempre ao fim de semana.

77. **minguante** (adj): waning

    Podes ver no calendário lunar que agora está lua minguante.

78. **fazer pouco de**: to make fun of

    Estás a fazer pouco de mim porque eu gosto de comer sandes de chocolate?

79. **vela** (f, -s): candle

    Não te esqueças de apagar a vela antes de ir para a cama.

80. **mortiço** (adj): dull

    O apresentador está a falar com uma voz mortiça, por isso o público está a dormir.

81. **estragar**: to spoil, to ruin

    O Filipe gosta de pintar em cima da mesa, mas a mãe não deixa porque ele estraga a madeira com as tintas.

82. **bisbilhoteiro** (adj): eavesdropper

    A minha vizinha é muito bisbilhoteira. Está sempre a espreitar à janela.

83. **ver-se obrigado a**: to be forced to
    Se não me deixas entrar, eu vejo-me obrigado a deitar a porta abaixo.
84. **osso** (m, -s): bone
    O cão está a roer um osso.
85. **padre** (m, -s): priest
    O padre benzeu a casa.
86. **missa** (f, -s): mass
    A missa durou tanto tempo e o padre falava de um modo tão mortiço, que eu adormeci.
87. **batina** (f, -s): cassock
    A batina do padre é uma vestimenta preta e comprida.
88. **bêbado** (adj): drunk
    O bêbado foi preso pela polícia porque estava a urinar na rua.
89. **acercar-se de**: to approach
    O vendedor acercou-se do cliente e perguntou-lhe se precisava de ajuda a escolher.
90. **altar** (m, -es): altar
    O altar estava decorado com flores.
91. **pelo sim, pelo não** (expressão): just in case
    Pelo sim, pelo não, é melhor levares um casaco porque eu não sei se vai estar frio.
92. **dos Mendes**: of the Mendes' family
    Já viste o novo carro dos Silva? (of the Silva's family)
93. **chatear**: to bother
    Francisco, não estejas a chatear a tua irmã.
94. **preso** (adj): stuck
    Fiquei com um dedo preso no fecho da mala.
95. **espernear**: to kick
    A criança atirou-se para o chão e começou a espernear, nas esperança de que a mãe lhe comprasse um brinquedo.
96. **a perder de vista**: as far as the eye can see
    Só se via mar a perder de vista.
97. **casaco de peles** (m, -s -): fur coat
    O casaco de peles é muito quente, mesmo sendo feito com pelo falso.
98. **trança** (f, -s): braid
    A Joaninha gosta de fazer duas tranças no cabelo, uma de cada lado.
99. **grunhir**: to grunt
    Os alunos grunhiram quando o professor disse que ia haver um teste no dia seguinte.
100. **louco** (adj): crazy.
    O Fernando é louco. Ele acha que é Napoleão.
101. **afrouxar**: to loosen
    O pescador afrouxou a corda que prendia o barco ao cais.
102. **arfante** (adj): panting

O meu cão Max adora correr atrás da bola, mas depois fica arfante durante uma hora.

103. **não me tendo visto** (= como não me viu): not having seen me
104. **como prometido**: as promised
     Aqui está o seu pedido, como prometido.
105. **balão** (m, -ões): balloon
     No Carnaval, as crianças atiram balões de água às pessoas.
106. **pigarrear**: to clear the throat
     O político pigarreou quando ouviu a pergunta que ele queria evitar.
107. **aprovação** (f, -ões): approval
     O seu pedido não recebeu aprovação da Câmara Municipal.
108. **corajoso** (adj): brave
     O coelho foi muito corajoso e lutou com a cobra.
109. **ele que**: let him
     Eu não quero ir falar com o chefe. A Ana que (ela que) o faça. Ela é que quer o aumento.
110. **como se faz**: how it's done
     Tu não sabes como é que isto se faz.
111. **com enfado**: with boredom
     O avô pegou no comando e navegou pelos canais de televisão com enfado.

EXERCÍCIOS

1) Ordena as frases de 1 a 5 de acordo com a ordem dos eventos na história.

a) O rapaz foi puxado para o mundo diferente do outro lado do triângulo e teve de lutar com um homem de barba. __

b) O rapaz fugiu do triângulo e convenceu o Mendes a entrar de novo com ele na igreja sob o pretexto de precisar de alguém corajoso. __

c) O rapaz era pressionado por um grupo de outros rapazes a entrar numa igreja abandonada. __

d) No último dia em que o rapaz entrou na igreja, estavam muitas pessoas reunidas a ver, incluindo a irmã de Julito que tinha desaparecido dez anos antes. __

e) O rapaz encontrou um triângulo suspenso numa sala vazia. __

2) Preenche os espaços no resumo da história. Escolhe a opção correta de entre as opções. Faz as necessárias alterações (se for um verbo, conjuga-o).

Um rapaz era (1) _____ *(pressionar / apoiar)* por um grupo de outros rapazes a entrar numa igreja abandonada perto de uma floresta. Ele fazia-o porque não queria que o (2) _____ *(ver / sentir)* como mariquinhas. O rapaz também entrava na igreja quando estava sozinho para saber mais sobre o seu interior e não mostrar (3) _____ *(paciência / medo)* quando estivesse a ser observado pelos outros rapazes.

Um dia, um grande público reuniu-se para (4) _____ *(o / se)* ver entrar na igreja. A Maria João, a irmã de um rapaz que (5) _____ *(desaparecer / encontrar)* dez anos antes também estava lá. Segundo os rumores, o seu irmão Julito, tinha roubado os cofres da sacristia da igreja e (6) _____ *(regressar / fugir)* com as relíquias do santo.

Momentos antes, o Mendes, o rapaz mais confiante e irritante do grupo, pressionou-o a entrar na igreja. O objetivo naquele dia era ir até à janela da sacristia e acenar de lá, mas (7) _____ *(ser / estar)* um sítio onde o rapaz nunca tinha entrado.

Já no interior da igreja, o rapaz viu uma luz cor-de-laranja a vir de um quarto. Lá dentro ele viu um triângulo luminoso suspenso. Ele passou uma mão (8) _____ *(por / para)* triângulo e sentiu flocos de neve do outro lado. Depois, (9) _____ *(perceber / reparar em)* mochila no chão, perto do triângulo e apercebeu-se de que era a mochila do Julito, desaparecido há dez anos.

O rapaz voltou a olhar pelo triângulo e foi puxado para o outro lado por uma mão.

Dez anos antes, o Julito tinha fugido de casa durante a noite. Tinha ido à sacristia da igreja (10) _____ *(procurar / buscar)* o bilhete de autocarro que lá tinha escondido para não ser encontrado em casa pela sua irmã. No interior da igreja, Julito tinha visto o triângulo suspenso e tinha passado para o outro lado (11) _____ *(por / sem)* saber que lá ficaria preso durante dez anos.

Dez anos depois, Julito era o homem do outro lado do triângulo a puxar o rapaz para uma paisagem invernal coberta de neve. (12) _____ *(haver / ter)* uma luta, mas rapaz conseguiu (13) _____ *(desfazer-se / soltar-se)* e fugir para fora do triângulo.

Ao sair da igreja, (14) _____ *(em frente de / perante)* os gritos dos outros rapazes que o chamavam de (15) _____ *(mariquinhas / galinha)*, o rapaz mentiu ao dizer ter medo de entrar na sacristia. Perguntou quem era o rapaz mais corajoso do grupo que lhe (16) _____ *(poder / dever)* mostrar como se fazia. O Mendes, convencido de que era (17) _____ *(o mais / o menos)* corajoso, ofereceu-se e entrou na igreja à frente do rapaz, que estava agora mais confiante.

SOLUÇÕES

1)

1. (c) / 2. (d) / 3. (e) / 4. (a) / 5. (b)

2)

1. pressionado (pressionar)
2. vissem (ver)
3. medo
4. o
5. tinha desaparecido (desaparecer)
6. fugido (fugir)
7. era (ser)
8. pelo (por)
9. reparou numa (reparar em)
10. buscar
11. sem
12. houve (haver)
13. soltar-se

14. perante
15. mariquinhas
16. pudesse (poder)
17. o mais

HISTÓRIA 8

A PREMONIÇÃO

Diri era uma **ninfa**[1] dos **bosques**[2]. Ela vivia no **tronco**[3] **oco**[4] de uma árvore antiga, cujas folhas num ramo **débil**[5] não se **assemelhavam**[6] já a nada, como se devessem ter parado de nascer há muito tempo. Os habitantes do bosque chamavam a árvore de Torta, porque era assim que era. **Erguia-se**[7] toda **torta**[8], perto de uma ribeira que trazia a água gelada da Montanha Eterna.

Todos os dias de manhã, Diri gostava de ir até **à beira da**[9] água onde, com as mãos **em concha**[10], bebia um **trago**[11] que **custava a**[12] engolir **de tão grande que era**[13]. Depois, apanhava um **girino**[14] e enfiava-o na boca, rapidamente, sem ninguém ver. Não se podiam comer os girinos, mas Diri não resistia.

Naquele dia, no entanto, Diri acordou demasiado cedo, ainda o sol dormia além das **trevas**[15]. **Espreguiçando-se**[16] lentamente na sua cama de pétalas de muitas rosas vermelhas, ela piscou os olhos **inchados**[17] e **deixou-se ficar**[18] imóvel sob o ar húmido que entrava por uma **fresta**[19] na madeira **podre**[20]. **Cheirava-lhe a**[21] algo. Não era a dourado dos primeiros raios de sol e também não era a verde de **hortelã**[22].

A **mariposa**[23] Alina **esvoaçou**[24] até **pousar**[25] no nariz de Diri, mas ela **enxotou**[26] o inseto com uma mão **brusca**[27], fazendo-o ir cair numa **almofada**[28] de **musgo**[29]. Não tinha acordado de bom humor. Além disso, sentia algo no peito, como uma pressão, como quando uma **rajada**[30] de vento no **prado**[31] a empurrava com força contra um **pé**[32] de **trigo**[33] e ela ficava uns momentos sem conseguir respirar.

Para não falar do[34] ruído rítmico que lhe ecoava no interior da cabeça, como o **tambor**[35] frenético que acompanhava a **queda**[36] das folhas no outono.

Diri levantou-se e **espreitou**[37] pela fresta. Ao longe, a Montanha Eterna era um vulto negro, como a boca **escancarada**[38] de uma **enguia**[39] na ribeira. Depois reparou num ponto de luz a meio da **encosta**[40]. Descia rapidamente em **ziguezague**[41], mais rápido do que qualquer criatura do bosque o pudesse fazer.

A pequena ninfa sentiu as **bochechas**[42] a aquecer. Ela estava a sentir todos os sinais de ... uma **premonição**[43]? Seria esta finalmente a sua primeira premonição? Diri **guinchou**[44] de felicidade. Depois agarrou na Alina por uma asa e deu-lhe um beijo. A mariposa tremeu e afastou-se **atabalhoadamente**[45]. Afinal, este ia ser um bom dia. Afinal, Diri era uma ninfa **capaz de**[46] tudo do que as outras eram capazes. E quem sabe, seria um dia capaz de prever o futuro!

Por momentos, a ninfa Diri esqueceu-se do **perigo**[47] de que a premonição a avisava. **Saboreou**[48] o prazer da revelação, **toldando**[49]-lhe no peito a pressão que sentia e **ofuscando**[50]-lhe nas **narinas**[51], o aroma **de há pouco**[52], escuro e **fétido**[53], como o do fundo de um **poço**[54].

∼

Numa **clareira**[55], **aninhado**[56] entre duas **raízes**[57] de um **carvalho**[58], estava o pequeno **trono**[59] do rei do bosque, o **texugo**[60] Espim. Enrolado numa bola, o soberano **ressonava**[61] no trono sob o olhar pouco atento dos seus dois guardas. De repente, foi acordado por um **espirro**[62].

— O que foi isto? — perguntou ele **atordoado**[63].

— Parece que tem uma visita, majestade. — disse um dos guardas a apontar para a entrada da clareira onde uma ninfa **esfregava**[64] o nariz. Uma mariposa de asas abertas e olhos nervosos decorava-lhe o cabelo.

— Este **cheiro**[65] é **insuportável**[66]! Quem é que consegue viver assim? — perguntou ela sem esperar uma resposta.

O rei endireitou-se e olhou **com desagrado**[67] para a visitante. Um guarda perguntou ao outro se já alguma vez tinha provado uma ninfa. Segundo ele, **sabiam a**[68] **ameixas**[69] doces.

— **O que a traz por cá**[70]? Há muito tempo que não víamos uma ninfa aparecer no meio do povo. — falou o rei.

— O meu nome é Diri e venho avisar-vos da minha premonição. Podem agradecer-me depois. — disse ela de **queixo**[71] no ar enquanto **sacudia**[72] uma partícula de **pó**[73] do ombro.

Por entre as árvores que rodeavam a clareira apareceram os olhos curiosos dos habitantes do bosque. Um **coelhinho**[74] saltou para a clareira, sendo rapidamente puxado de volta para o refúgio das árvores por uma mão **peluda**[75]. Espim coçou o queixo.

— **Pois bem**[76], queremos ouvir mais sobre essa premonição.

— Senti uma pressão no peito e um cheiro fétido. Não tão mau como este aqui, mas **mesmo assim**[77]. — disse ela a torcer o nariz.

— Só isso? O que é que é suposto eu fazer com essa informação?

— Isso já **não é comigo**[78].

O rei Espim fez um sinal com a cabeça a um dos guardas que agarrou na ninfa o mais rápido que conseguiu (que para um texugo foi até bastante rápido).

— **Atirem com ela**[79] para a **toca**[80] da raposa. Não preciso de ninfas a criar o pânico no bosque.

— Desculpe, majestade, mas parece-me um **desperdício**[81]. — disse o guarda — Agora com o banquete de fim de ano a aproximar-se eu acho que podíamos...

— Esperem, esperem! — gritou Diri a dar um passo atrás. — Acabei de me lembrar de mais uma coisa. É muito importante.

— É bom que seja mesmo muito importante. — respondeu Espim.

— Ouvi um tambor a ecoar na minha cabeça.

Vozes **sussurraram**[82] por entre as árvores. Uma **toupeira**[83] correu **cegamente**[84] para o meio da clareira de patas no ar.

— Fujam! Fujam todos! — gritou ela. — É o sinal do apocalipse!

— Calma, calma! — Espim **estava farto de**[85] tanta **palhaçada**[86]. — Atirem também com a toupeira para a toca da raposa. Já disse que não quero ninguém em pânico.

— Desculpe, majestade, mas a raposa disse que não aceita mais toupeiras. — respondeu o guarda.

Um ramo **estalou**[87] no carvalho, acima da cabeça do rei. Todos olharam para a **copa**[88] da árvore. Os olhos amarelos do **mocho**[89] apareceram entre a **folhagem**[90]. O silêncio desceu sobre o bosque como um manto de nevoeiro frio. Diri olhou para o mocho. Os seus olhos pareciam poças de **mel**[91], hipnotizantes.

— A premonição é o resultado de evidências da realidade que o **cérebro**[92] interligou subconscientemente. — disse ele. Nenhum habitante do bosque **se atreveu**[93] a comentar. — Portanto, eu pergunto-te, ninfa. Houve alguma coisa em que tenhas reparado à tua volta? Algo **fora do comum**[94]?

— **Por acaso**[95], vi uma luz. — respondeu ela.

— Como era essa luz?

— Descia em ziguezague pela encosta da Montanha Eterna.

— Devagar?

— Não, muito rápido.

— E quando foi isso?

— Antes do nascer do sol.

O mocho sacudiu as penas e olhou para a montanha. O olho esquerdo piscou, como um tique nervoso.

— O que tu viste foi a Serpente de Fogo. — disse ele.

As vozes por entre as árvores elevaram-se. A toupeira **desmaiou**[96] mesmo no meio da clareira. A ninfa Diri sentiu de repente uma certeza. A certeza de que, assim como falavam as **lendas**[97] de antigamente, a Serpente de Fogo era a lava que **escorria**[98] pela montanha abaixo em direção ao bosque. Na sua mente, ela viu o seu **abraço**[99] mortal a envolver a sua árvore torta e a reduzi-la a **cinzas**[100]; ela viu a ribeira a tornar-se numa linha negra **fumegante**[101]. Ela teria sentido o aperto no estômago do pânico, **não fosse**[102] a felicidade que se **sobrepunha**[103]. Ela era finalmente capaz de prever o futuro!

∽

A raposa Sacota **tropeçou num**[104] **ouriço**[105].

— Eu peço-vos para se manterem **encostados à**[106] parede! E os texugos estão proibidos de entrar nesta sala! — gritou ela.

Um coelhinho agarrou na perna da raposa.

— Obrigado por nos salvar da lava na sua toca, senhora Sacota.

A raposa fez um sorriso forçado. Noutra circunstância estaria a cozinhar o coelhinho com **cogumelos**[107] **silvestres**[108]. "Mas porque é que eu **me sujeito a**[109] isto?" pensou ela a passar por cima de dois ratos a jogar às cartas.

Lá fora, a luz continuava a descer a encosta em ziguezague e a grande velocidade. De repente, **abrandou**[110] ao entrar no bosque. Por entre os troncos das árvores dançou o **farol**[111] aceso de uma bicicleta. A conduzi-la, um rapaz **ofegante**[112] tentava **pedalar**[113] **com mais força**[114].

— Ufa... — suspirou ele. — A descer a encosta era mais fácil!

FIM

---

1. **ninfa** (f, -s): nymph
   Eu vi uma ninfa a falar com os animais da floresta.
2. **bosque** (m, -s): wood, grove
   Há um bosque perto da minha casa onde vou passear com o meu cão.
3. **tronco** (m, -s): trunk
   Este tronco é tão grosso que não consigo juntar as mãos quando abraço a árvore.
4. **oco** (adj): hollow
   Não gosto muito de ovos de chocolate ocos. Prefiro os ovos recheados.
5. **débil** (adj): weak
   O meu vizinho já tem 98 anos, por isso já está débil.
6. **assemelhar-se a**: to resemble

Esta música assemelha-se muito a outra que já ouvi antes.

7. **erguer-se**: to rise
   O velhote ergueu-se com dificuldade do sofá para ir à casa de banho.

8. **torto** (adj): crooked
   Não sabes desenhar linhas direitas? Isso está tudo torto.

9. **à beira de**: on the verge of, by
   Não te chegues muito à beira do penhasco, podes cair.

10. **em concha**: cupped
    Eu pus as mãos em concha e enchi-as de areia.

11. **trago** (m, -s): gulp, swig
    Ele deu um trago tão grande na minha cerveja que fiquei quase com o copo vazio.

12. **custar a**: to be hard to
    Essa porta custa muito a abrir porque está enferrujada.

13. **de tão (adj) que (verbo)**: it is/was so …
    Eu quase caía de tão molhado que o chão estava. (I nearly fell over, the floor was so wet.)

14. **girino** (m, -s): tadpole
    A criança levou um girino para casa, mas morreu logo.

15. **trevas** (f, pl): darkness
    O filme de terror chama-se "O silêncio das trevas".

16. **espreguiçar-se**: to stretch
    Joãozinho, já te disse para não te espreguiçares à mesa.

17. **inchado** (adj): swollen
    Comi tanto que tenho o estômago inchado.

18. **deixar-se ficar**: to let oneself stay
    Deixa-te ficar no sofá que eu faço o jantar.

19. **fresta** (f, -s): crevice
    A torre só tem uma estreita fresta na parede.

20. **podre** (adj): rotten
    As laranjas estão cheias de mosquitos porque estão podres.

21. **cheirar a**: to smell like
    Cheira-me a comida! Quem é que está a cozinhar?

22. **hortelã** (f, -s): mint
    A hortelã ao pé da ribeira cheira muito bem.

23. **mariposa** (f, -s): moth
    Havia uma mariposa a voar à volta da lâmpada à noite.

24. **esvoaçar**: to flutter
    A galinha esvoaçou para cima do galinheiro.

25. **pousar**: to land
    O avião aterrou em Lisboa às duas da tarde.

26. **enxotar**: to shoo away
    A temperatura ao pé do lago estava ótima, mas tive de enxotar mosquitos o tempo todo.

27. **brusco** (adj): blunt

    O Carlos tirou-me o copo da mão. Foi muito brusco. Que estúpido!
28. **almofada** (f, -s): cushion

    Eu tenho uma almofada antialérgica porque sofro com alergias.
29. **musgo** (m, -s): moss

    O tronco da árvore estava coberto de musgo verde e fofo.
30. **rajada** (f, -s): gust

    A rajada fez voar algumas telhas do telhado.
31. **prado** (m, -s): meadow

    As ovelhas pastavam no prado verde.
32. **pé** (m, -s): stalk

    Cortei uns pés de rosas para decorar a sala.
33. **trigo** (m, -s): wheat

    A Ana não come pão de trigo porque tem doença celíaca.
34. **para não falar de** (expressão): not to mention

    Não vou comprar esse carro porque é muito caro. Para não falar da cor que é horrível.
35. **tambor** (m, -es): drum

    A tribo começou a tocar os tambores para iniciar a celebração.
36. **queda** (f, -s): fall

    A queda da árvore durante a tempestade causou danos no carro.
37. **espreitar**: to peek

    O Pedro estava atrasado, por isso espreitou a medo antes de entrar na sala de aula.
38. **escancarado** (adj): wide open

    Deixei a janela escancarada quando saí de casa, por isso tinha a casa gelada quando voltei.
39. **enguia** (f, -s): eel

    A enguia atravessou a água e enfiou-se entre as pedras.
40. **encosta** (f, -s): slope

    A casa está na encosta virada a sul por isso recebe mais luz natural.
41. **ziguezague** (m, -s): zigzag

    O Joãozinho está a aprender a andar de bicicleta por isso ainda anda aos ziguezagues.
42. **bochecha** (f, -s): cheek

    O esquilo tinha as bochechas inchadas porque tinha a boca cheia de bolotas.
43. **premonição** (f, -ões): premonition

    Antes de entrar para o avião, o Duarte teve uma premonição. Ele achava que o avião ia cair, por isso ficou em terra.
44. **guinchar**: to screech

    O carro travou a fundo e os travões guincharam.
45. **atabalhoadamente** (adv): haphazardly

Era o último dia de aulas, por isso os alunos saíram da sala atabalhoadamente, com pressa para ir para casa.

46. **ser capaz de**: to be able to
   Eu sou capaz de beber um litro de água sem respirar.
47. **perigo** (m, -s): danger
   O lago gelado é um perigo porque o gelo não é muito espesso.
48. **saborear**: to taste
   Eu não gosto de comer à pressa porque prefiro saborear a comida.
49. **toldar**: to blur
   As nuvens toldaram o sol.
50. **ofuscar**: to overshadow
   As notícias do furacão ofuscaram as notícias das eleições.
51. **narina** (f, -s): nostril
   Tenho as narinas secas por causa do frio.
52. **de há pouco**: from a while ago
   O acontecimento de há pouco ainda está vívido na memória das pessoas.
53. **fétido** (adj): fetid
   O caixote de lixo tinha um cheiro fétido.
54. **poço** (m, -s): well
   O poço não tinha muita água, por isso o balde vinha quase vazio quando o puxei para cima.
55. **clareira** (f, -s): clearing
   O único sítio onde entrava o sol na floresta era na clareira.
56. **aninhado** (adj): nestled
   O gato estava aninhado na sua cama com uma pata em cima do focinho.
57. **raiz** (f, -es): root
   Regaste muito a planta, por isso as raízes apodreceram.
58. **carvalho** (m,-s): oak
   Um carvalhal é uma floresta de carvalhos.
59. **trono** (m, -s): throne
   Quando o rei morreu, o trono ficou vazio até escolherem o novo rei.
60. **texugo** (m, -s): badger
   Eu vi um texugo a lutar com uma cobra.
61. **ressonar**: to snore
   O meu avô ressona muito alto durante toda a noite, por isso a minha avó dorme noutro quarto.
62. **espirro** (m, -s): sneeze
   Eu sou alérgico a gatos. Quando encontro um começo logo aos espirros.
63. **atordoado** (adj): stunned
   Quando bati com a cabeça na porta fiquei atordoado e tive de me sentar.
64. **esfregar**: to rub, to scrub
   As janelas estão sujíssimas! Vou esfregá-las com um produto de limpeza.
65. **cheiro** (m, -s): smell
   Adoro o cheiro a rosas. É tão agradável.

66. **insuportável** (adj): unbearable

    A voz da Anabela é insuportável. Parece giz a riscar um quadro.

67. **com desagrado**: with displeasure

    O António detesta marisco. O seu ar de desagrado era evidente quando o prato chegou à mesa.

68. **saber a**: to taste like

    Este bolo sabe a chocolate.

69. **ameixa** (f, -s): plum

    Não posso comer muitas ameixas. Caso contrário fico com dor de barriga.

70. **O que o/a traz por cá?** (expressão): What brings you here?

    Então, senhor Pires! O que o traz por cá?

71. **queixo** (m, -s): chin

    A criança caiu da bicicleta e bateu com o queixo no chão.

72. **sacudir**: to brush off, to shake

    Eu vou sacudir o meu saco-cama porque tenho medo de dormir com uma aranha lá dentro.

73. **pó** (m, -s): dust

    João, tens de limpar o pó à sala porque já não vejo a cor dos móveis.

74. **coelhinho** (m, -s): bunny

    Os coelhinhos são muito fofinhos porque têm muito pelo.

75. **peludo** (adj): furry

    Eu nunca vi um homem tão peludo como o teu marido. Tem tantos pelos nas costas!

76. **pois bem** (expressão): well then

    Já perceberam o exercício de matemática? Pois bem, comecem!

77. **mesmo assim**: even so

    Este restaurante não é muito bom, mas mesmo assim é o melhor nesta cidade.

78. **não é comigo**: it's not my business

    Se tu partiste a janela do vizinho com a tua bola, isso não é comigo. Problema teu!

79. **atirem com (ela)**: throw (her)

    Não atires com a bola contra o Pedro. Ele tem medo de bolas a voar!

80. **toca** (f, -s): burrow, hole

    Eu não quero meter a minha mão dentro da toca porque não sei que animal vive lá.

81. **desperdício** (m, -s): waste

    Porque é que fizeste tanta comida para o Natal? Agora ficámos com este desperdício todo.

82. **sussurrar**: whisper

    Fala mais alto! Se estás a sussurrar não percebo nada do que dizes.

83. **toupeira** (f, -s): mole

    A toupeira meteu a cabeça de fora da terra, cheirou o ar e voltou a enfiar-se no túnel. O campo está cheio de montes de terra por causa das toupeiras.

84. **cegamente** (adv): blindly
    O Carlos estava tão irritado que entrou na sala cegamente e bateu contra a mesa.

85. **estar farto de**: to be fed up with
    Estou farto de ouvir falar de política. Podemos mudar de assunto?

86. **palhaçada** (f, -s): clowning
    A enfermeira está a fazer palhaçadas para distrair a criança enquanto ela tira sangue.

87. **estalar**: to snap
    É melhor desceres da árvore porque já ouvi um ramo a estalar.

88. **copa** (f, -s): (tree) top
    O gato subiu à árvore e escondeu-se na copa.

89. **mocho** (m, -s): owl
    O mocho ouviu um barulho e rodou a cabeça toda para trás.

90. **folhagem** (f, -ens): foliage
    Esta planta tem uma folhagem muito bonita. As folhas são grandes e macias.

91. **mel** (m, -éis/-es): honey
    O urso lambeu as patas depois de comer o mel.

92. **cérebro** (m, -s): brain
    O cérebro é um órgão muito complexo do ser-humano.

93. **atrever-se a**: to dare to
    Não te atrevas a tocar na minha comida que está no frigorífico.

94. **fora do comum**: out of the ordinary
    É fora do comum ver o preço da gasolina a descer.

95. **por acaso**: actually, as it happens
    Eu nunca lavo a louça? Por acaso, lavei-a ontem e hoje!

96. **desmaiar**: to faint
    O Joaquim desmaia sempre que vê sangue.

97. **lenda** (f, -s): legend
    O meu tio tem uma coleção de livros sobre lendas de Portugal.

98. **escorrer**: to drip
    Os pingos de chuva escorreram pela janela.

99. **abraço** (m, -s): hug
    Eu já não via o meu irmão há muito tempo, por isso deu-me um grande abraço.

100. **cinza** (f, -s): ash
    Tenho de limpar a lareira. Está cheia de cinza.

101. **fumegante** (adj): steamy, smoking
    O que é que está nessa panela fumegante? Estou cheio de fome!

102. **não fosse**: weren't it for
    Não fosse a ajuda do Pedro, eu nunca teria acabado este projeto a tempo.

103. **sobrepor**: to overlap
    O barulho da música sobrepôs-se ao som das vozes.

104. **tropeçar**: to trip over
     A mãe tropeçou num brinquedo que estava no chão e aleijou-se no pé.
105. **ouriço** (m, -s): urchin
     Preciso de luvas para pegar no ouriço. Não quero picar os dedos.
106. **encostado**: with one's back to
     Não estejas encostado à árvore porque vais ficar coberto de formigas.
107. **cogumelo** (m, -s): mushroom
     O meu avô apanha cogumelos na floresta e grelha-os com sal.
108. **silvestre** (adj): wild, of forest
     Adoro comer amoras silvestres!
109. **sujeitar-se a**: to subject oneself to
     O meu chefe quer que eu trabalhe no fim de semana, mas eu não me vou sujeitar a isso.
110. **abrandar**: to slow down
     Os carros devem abrandar perto das escolas.
111. **farol** (m, -óis): headlight
     Ele estava perdido na floresta à noite, felizmente viu os faróis de um carro na estrada e foi até lá.
112. **ofegante** (adj): panting
     Depois de correr a maratona, o atleta estava ofegante.
113. **pedalar**: to pedal
     Eu não gosto de andar de bicicleta em Lisboa porque há muitas ruas a subir e é preciso pedalar muito.
114. **com mais força**: harder
     Não consegues abrir a porta? Tenta empurrá-la com mais força.

EXERCÍCIOS

1) Ordena as frases de 1 a 5 de acordo com a ordem dos eventos na história.

a) Diri visitou o rei Espim, mas ele não ficou impressionado com o aviso da ninfa. __

b) A ninfa Diri acordou muito cedo a sentir-se estranha. Viu uma luz a descer a encosta e acreditou estar a ter a sua primeira premonição. __

c) O mocho concluiu que a premonição avisava da vinda da Serpente de Fogo, fazendo os animais refugiarem-se na toca da raposa. __

d) Uma toupeira achou que a premonição era o sinal do apocalipse.

e) A luz que Diri viu a descer a Montanha Eterna era um rapaz de bicicleta com o farol ligado. __

2) Preenche os espaços no resumo da história. Escolhe a opção correta de entre as opções. Faz as necessárias alterações (se for um verbo, conjuga-o).

A ninfa Diri vivia no tronco de uma árvore num bosque. Um dia, (1) _____ *(despertar / levantar)* mais cedo do que o habitual, quando o sol ainda não tinha nascido. Sentia algo diferente, tinha uma pressão no peito, um ruído como um tambor a ecoar na cabeça e não tinha acordado de (2) _____ *(bom humor / mau humor)*.

Diri espreitou (3) _____ *(por / a)* uma fresta na árvore e reparou num ponto de luz que descia rapidamente pela enconsta da Montanha Eterna.

Ela ficou feliz quando (4) _____ *(pretender / perceber)* que todos estes sinais podiam ser a sua primeira premonição. Sentia que (5) _____ *(no final / afinal)* era capaz de tudo o que uma ninfa era capaz. Ficou tão satisfeita que (6) _____ *(esquecer-se / acordar) de* que a premonição a devia estar a avisar de algo perigoso.

Diri foi a uma clareira visitar o rei do bosque, o texugo Espim, para o avisar da premonição que (7) _____ *(ter / ser)*. Segundo o rei, que estava a dormir antes de Diri aparecer, já há muito tempo que uma ninfa não (8) _____ *(visitar / aparecer)* na comunidade. Ela achava os texugos cheiravam mal; ele achavam que as ninfas eram boas para comer porque (9) _____ *(saber a / saborear)* ameixas doces.

Os habitantes do bosque, curiosos, (10) _____ *(cercar / aproximar-se)* para ouvir qual era a premonição da ninfa. Diri contou ao rei o que tinha sentido, mas ele não (11) _____ *(transformar-se / ficar)* impressionado com a informação. Uma toupeira entrou em pânico, pois acreditava que a premonição (12) _____ *(referir-se a / não ter a ver com)* apocalipse.

O rei Espim achava que a ninfa Diri só estava a criar pânico e ordenou a um guarda que a (13) _____ *(atirar / buscar)* para a toca da raposa.

O mocho apareceu num ramo do carvalho e todos (14) _____ *(aborrecer / permanecer)* em silêncio. Ele perguntou à ninfa se ela tinha visto algo (15) _____ *(fora do comum / que era comum)*. Quando ela lhe falou da luz que tinha visto a descer rapidamente a encosta da Montanha Eterna, o mocho (16) _____ *(iniciar / concluir)* que se tratava da Serpente de Fogo. Diri lembrou-se das lendas que (17) _____ *(falar / dizer)* da lava que descia pela montanha e queimava tudo no seu caminho. Ela não ficou em pânico porque finalmente (18) _____ *(acreditar / creditar)* que era capaz de prever o futuro.

Os habitantes da floresta protegeram-se da Serpente de Fogo na toca da raposa Sacota que não tinha ficado muito satisfeita (19) _____ *(apesar do facto de / com o facto de)* a sua toca estar cheia de animais.

Lá fora a luz que descia a encosta da Montanha de Fogo abrandava ao entrar no bosque. Afinal, era um rapaz a andar de bicicleta com o farol (20) _____ *(desligado / aceso)*.

SOLUÇÕES

1)

1. (b) / 2. (a) / 3. (d) / 4. (c) / 5. (e)

2)

1. despertou (despertar)
2. bom humor
3. por
4. percebeu (perceber)
5. afinal
6. se esqueceu (esquecer-se)
7. tinha tido (ter)
8. aparecia (aparecer)
9. sabiam a (saber a)
10. aproximaram-se (aproximar-se)
11. ficou (ficar)
12. se referia a (referir-se a)
13. atirasse (atirar)
14. permaneceram (permanecer)

15. fora do comum
16. concluiu (concluir)
17. falavam (falar)
18. acreditava (acreditar)
19. com o facto de
20. aceso

HISTÓRIA 9

O MEL DE ZUMBINA

Capítulo 1

Tu és o **dono**[1] da melhor **pastelaria**[2] no mundo fantástico de Glorb. As tuas **vitrines**[3] estão sempre **repletas de**[4] bolos **vistosos**[5], e não há criança que passe em frente que não fique colada ao vidro a olhar com desejo para as coberturas de açúcar colorido.

O teu maior sucesso de vendas é o bolo de **mel**[6] de zumbina, **uma espécie de**[7] **abelha**[8] que vive nos campos que rodeiam a tua cidade. Eu digo 'uma espécie de abelha' porque esta não é **fofa**[9] e simpática como as que já conheces. Esta **pica**[10]-te num dia, e no dia seguinte caíram-te os dentes todos. Mas não te vou **aborrecer**[11] agora com estes detalhes técnicos.

Um bolo de mel de zumbina só pode ser vendido **à fatia**[12], **tal é**[13] a preciosidade desse néctar azul. Até pediste ao engenheiro que desenhou a **ponte**[14] sobre o rio Voosh (que nunca caiu) para criar uma caixa especial para o teu bolo. E assim foi produzido o mais complexo **invólucro**[15], que pode ser transportado em qualquer saco de compras, sem que a cobertura **viscosa**[16] de mel **se agarre à**[17] caixa.

Geralmente, o teu **estabelecimento**[18] só é **frequentado por**[19] humanos, os únicos seres capazes de processar **tamanha quantidade**[20] de açúcar. Infelizmente, são também os mais **caloteiros**[21] de todos em Glorb. Por essa razão, a tua pastelaria tem um avançado sistema de segurança (tu **não olhaste a despesas**[22]) para que ninguém saia de lá sem pagar.

Um dia, entras na tua pastelaria (já em pleno funcionamento devido à tua equipa de pasteleiros e vendedores) e **acenas**[23] amigavelmente a dois clientes: uma menina **de tranças**[24] e uma **idosa**[25] de **bengala**[26]. A criança **mete a língua de fora**[27] e tu vês que estava a meio de mastigar um pedaço de bolo.

Passas pelo balcão e diriges-te ao escritório para analisar as **contas**[28] do dia anterior e ver as **gravações**[29] das câmaras de filmar. A tua equipa vê-te chegar e, como de costume, tu sentes que eles **se retraem**[30] e mostram os seus sorrisos forçados. Não percebes o porquê da reação porque és um excelente **patrão**[31].

Antes que possas ligar os monitores, reparas que a porta do **cofre**[32] está aberta. Eu ainda não tinha dito, mas neste cofre guardas **o teu bem mais precioso**[33]: a **receita**[34] do bolo de mel de zumbina. Já muito se **especulou**[35] no mundo fantástico de Glorb sobre os ingredientes do bolo (além do mel, claro), mas este é um segredo fechado **a sete chaves**[36]. Ou era...

Um **suor**[37] frio cobre-te a **palma**[38] das mãos quando te aproximas do cofre para olhar para o seu interior. Está vazio.

Sentes o mundo a **andar à roda**[39] e agarras-te a uma cadeira para não caíres. A tua cabeça é um **turbilhão**[40] de emoções, mas tu tens de pensar com **frieza**[41], se quiseres **reaver**[42] a receita do teu bolo de mel de zumbina.

Achas que o ladrão já não está na pastelaria, por isso ligas ao famoso detetive de Glorb, o inigualável Dr. Fiasco. Ouviste dizer que participou no Caso dos Três Leitões. Um mistério em que... bom, não interessa.

Capítulo 2

O Dr. Fiasco abre a porta da pastelaria no momento em que **estás prestes a**[43] perder a paciência. Há duas horas que estás à sua espera. Ao telefone só conseguiste falar com a sua secretária e ela estava bastante hesitante em passar a mensagem ao detetive. Finalmente, acabou por **aceder**[44] ao perceber que estava a **pôr em risco**[45] o bolo de aniversário de mel de zumbina que tinha encomendado para o sobrinho.

Durante a espera, tu até tiveste tempo para ir ver os vídeos do sistema de segurança, descobrindo, com **desânimo**[46], que as câmaras tinham sido desligadas na noite anterior.

Ainda à entrada, o pequeno homem com **óculos de fundo de garrafa**[47] sacode os pingos de chuva do casaco e suspira **audivelmente**[48].

Tu **apressas-te**[49] a recebê-lo, mas antes que possas cumprimentá-lo, ele abana energeticamente uma mão no ar e começa a falar.

— **Fique sabendo que**[50] eu não gosto de ser incomodado de manhã.

— Compreendo, compreendo, mas...

— **Mas, nada**[51]!

Claramente não interessado em argumentar, o Dr. Fiasco passeia pela pastelaria olhando com **desagrado**[52] para os bolos nas vitrines.

Tu **questionas-te**[53] se ele consegue ver alguma coisa com aqueles óculos. Começas a achar que tu farias um melhor trabalho.

— Primeiro, leve-me ao cofre. — diz ele.

Em frente ao cofre vazio, o Dr. Fiasco enfia uma mão no bolso e tira de lá uma coisa cor-de-rosa e **peluda**[54]. A criatura **pisca os olhos**[55], **ensonada**[56], e olha para ti com olhos redondos e brilhantes.

— *Flubi.* — diz a coisa.

— Um Flubi? — perguntas tu, incrédulo. Tu **estremeces**[57] por dentro. Se a Autoridade de Saúde Pública sonha que tu tens uma destas criaturas na tua pastelaria, fecham-na **para todo o sempre**[58].

O detetive diz qualquer coisa ao ouvido do Flubi, e ele prontamente estica o seu narizinho delicado até tocar na **fechadura**[59] do cofre. Durante uns segundos, vês a criatura a **farejar**[60] pormenorizadamente a superfície. De repente, os seus olhos enchem-se de **lágrimas**[61] e o Flubi **dá um grande espirro**[62].

Tu estremeces de novo por dentro ao imaginar as bactérias a voar em todas as direções.

— *Flubi.* — diz a criatura, a **fungar**[63]. O detetive **acena**[64].

— Açúcar na fechadura. — diz o Dr. Fiasco.

— Açúcar? — perguntas tu.

O detetive encosta o ouvido à criatura e volta a acenar.

— Quem é que mexe em açúcar e tem acesso ao cofre? — pergunta o homem.

— Bom, eu tenho acesso ao cofre, mas não mexo em açúcar. Os pasteleiros mexem em açúcar, mas não têm acesso ao cofre.

O Dr. Fiasco volta a suspirar audivelmente.

— Claro! — dizes tu a bater com uma mão na **testa**[65]. — O chefe dos pasteleiros tem acesso às duas coisas.

— *Flubi.* — diz o bicho peludo. O detetive ri-se.

Tu não estás a gostar muito da atitude do Dr. Fiasco e do seu **bicharoco**[66] nojento. Achas que não te estão a **levar a sério**[67].

— Vamos até à cozinha falar com o chefe dos pasteleiros, e resolver este assunto. — dizes tu.

Para tua surpresa, a cozinha está vazia. Há bolos inacabados na **bancada**[68] e está alguma coisa a **queimar**[69] no forno. Não sabes o que é, mas não te cheira a nada **comestível**[70]. O Flubi começa a **lacrimejar**[71], como se fosse espirrar de novo.

Da **despensa**[72] fechada chega-vos um som **arrepiante**[73] que não consegues descrever. Uma espécie de **zumbido**[74] metálico.

O Flubi **eriça**[75] os pelos e fecha os olhos. O detetive acena.

— Não devemos abrir aquela porta. — diz ele com um ar preocupado.

— *Flubi.* — diz a criatura.

Desligas o forno porque começa já a sair um fio de fumo pela porta. Não podes deixar estragar um forno que te custou os olhos da cara. Além do mais, sentes-te um pouco apreensivo relativamente ao que está a queimar no seu interior.

Capítulo 3

Corres para o forno e desliga-lo. Com um braço a tapar o nariz abres a porta e **fazes uma careta**[76] quando o fumo te vai direto aos olhos. Tentas afastá-lo com a outra mão na tentativa de retirares o que está a queimar no seu interior. **Atabalhoadamente**[77], consegues arrastar o **tabuleiro**[78] para fora até cair no chão. Em cima dele está um papel **chamuscado**[79]. Reconheces a letra **rabiscada**[80] perto de uma ponta ainda **incandescente**[81].

— Suponho que seja a receita do seu bolo de mel de zumbina. — diz o Dr. Fiasco atrás de ti. — Por acaso não tem outra cópia, não?

— Não, não tenho outra cópia, detetive. Já é difícil o suficiente manter uma cópia secreta, **quanto mais**[82] duas.

— E por acaso não se lembra da receita? Podia escrevê-la de novo noutro papel.

— Eu escrevi-a para não ter de me lembrar dela. — dizes tu, cada vez mais irritado com o homem.

O detetive ignora o teu tom sarcástico e aproxima o Flubi do tabuleiro. A criatura fecha os olhos e dá um enorme espirro. Depois, cheira o papel queimado.

— Flubi.

— Sim? Irrelevante. — diz o Dr. Fiasco.

— O quê?

— Cheira-lhe a **favo**[83] de mel de zumbina.

— Favo? Nós não trabalhamos com os favos.

Na tua mente aparece uma imagem. O **apicultor**[84] Flávio na sua quinta, rodeado de zumbinas como um homem no meio de uma **praga de gafanhotos**[85]. Quem o visse assim, diria que **corria**

perigo de vida[86], mas elas só o **toleravam**[87] a ele e à sua mulher e, por essa razão, só eles eram capazes de **extrair**[88] o seu mel.

O Flávio tinha dedicado a sua vida a um trabalho **ingrato**[89], que pagava mal, mas quem eras tu para **reclamar**[90]? A ti, **o arranjo**[91] era **benéfico**[92]. E o que é que o Flávio preferia? Ir trabalhar para a cidade a limpar as **latrinas**[93] de **Flatulões**[94]? Na tua opinião, ele não se podia **queixar**[95].

Mas desde que o conhecias que o vias a começar vários negócios paralelos que **nunca davam em nada**[96]. A sua mulher já tinha ameaçado com o divórcio se ele não acalmasse. Ele ainda **tinha tido o descaramento**[97] de te pedir dinheiro para o ajudar a lançar um negócio, mas para ti 'amigos, amigos, negócios à parte**98**'.

A gota de água[99] tinha sido a sua tentativa de começar um circo de zumbinas **amestradas**[100]. Não só o sogro tinha ficado sem dentes, como a sua mulher o tinha posto fora de casa. Desde então que o Flávio estava numa espiral descendente, longe da mulher e da filha pequena.

— Dr. Fiasco, descobri o autor do roubo.

— Ai, sim? Quem?

— O apicultor Flávio. Para quê vender o mel **ao desbarato**[101] se pode ser ele a usá-lo para fazer bolos? Ele copia a receita antes de a destruir e acaba-me com o negócio.

— Não está a ser demasiado simplista, **meu caro**[102]? O chefe dos pasteleiros continua a ser o meu maior suspeito. De que outro modo estaria o cofre aberto se só ele tinha acesso?

— Porque razão iria ele acabar com o seu **posto de trabalho**[103]? Isso não faz sentido nenhum.

— Porque é ainda mais importante para ele acabar consigo. Ou acha que eu não reparei que todos os seus empregados o **odeiam**[104]?

— Foi com essa lógica que desvendou o Mistério dos Três Leitões? — perguntas tu com um **esgar**[105].

O Flubi enfia-se dentro do bolso do detetive e o homem aproxima-se tanto de ti que o teu nariz praticamente toca na sua testa. Cheira-te a **bolas de naftalina**[106] e **refogado**[107].

— Não fale do que não sabe. — diz ele num tom ameaçador.

O Dr. Fiasco dá meia volta e avança para a parte pública da pastelaria contigo **no seu encalço**[108].

— Onde é que vai?

— Vou fazer uma busca à casa do chefe dos pasteleiros.

Deixas o detetive e o seu amiguinho peludo ir **apanhar gambozinos**[109]. Ainda tens o zumbido metálico por desvendar atrás da porta da despensa. O Flubi aconselhou a deixá-la fechada, mas cada vez mais achas que ele é um **charlatão**[110]. Além do mais, tens a certeza que a solução para o enigma está lá dentro. E tu tens sempre razão.

∽

Capítulo 4

12 horas antes

Eu bati à porta das **traseiras**[111] da pastelaria. Ainda era de noite, o momento ideal para encontrar o chefe dos pasteleiros a preparar as **iguarias**[112] do dia seguinte. O chefe abriu a porta e **estava prestes a**[113] voltar a fechá-la quando olhou para baixo.

— O que é que tu queres? — perguntou o homem de ar cansado.

Sem falar, eu estendi uma pequena caixa de madeira à sua frente e abri-a. Do seu interior saíram várias zumbinas que **prontamente**[114] se colocaram à volta da cabeça do pasteleiro.

Eu acenei, com satisfação. Elas estavam bem amestradas.

Com o pasteleiro **petrificado**[115] de medo num canto da cozinha, eu dirigi-me ao escritório e desliguei as câmaras de vigilância. Depois **assobiei**[116] suavemente fazendo as zumbinas **encaminhar**[117] o pasteleiro para a porta do cofre.

— Abre-o. — disse eu.

— Não, espera, vamos falar. O que é que queres? Podes levar todos os bolos que quiseres.

Eu abanei a cabeça. Já era um hábito, **subestimarem-me**[118], mas mesmo assim a desilusão queimou-me o **peito**[119]. Eu voltei a assobiar, desta vez um assobio curto, e uma das zumbinas **picou**[120] o pasteleiro em cheio na **bochecha**[121].

— Ah! — gritou ele. — Está bem, está bem. Tudo o que quiseres.

— Abre o cofre e tira de lá a receita do bolo de mel de zumbina.

O pasteleiro sacudiu as mãos sujas de açúcar e marcou o código com dedos tremelicantes.

Uns minutos depois, eu liguei o forno no máximo e vi o papel da receita no seu interior a começar a **encarquilhar**[122]. Depois observei o meu próprio reflexo na porta do forno e sorri um sorriso **desdentado**[123].

Agora

Depois de me certificar que a receita estava destruída, deixei a pastelaria. Mas com **sede**[124] de ver a tua cara de horror quando descobrisses que a receita tinha desaparecido, voltei lá na manhã seguinte. Vi-te entrar no estabelecimento, com o teu ar arrogante **do costume**[125], a fazeres sorrisos forçados aos clientes. Sem me controlar, deitei-te a língua de fora, mas tu não **ligaste**[126]. Eu não sou mais para ti do que uma miúda de tranças. Tu **menosprezaste-me**[127], como o fizeste com o meu pai, o apicultor Flávio. Mas antes que ele fosse posto fora de casa, **por tua culpa**[128], eu segui os seus **ensinamentos**[129] e fui bem sucedida a amestrar as zumbinas.

Mas não fiques triste. Eu deixei-te um presentinho na despensa, junto com um pasteleiro **amordaçado**[130]. Um **enxame**[131] de zumbinas furiosas (eu não sei se já referi isto, mas elas detestam ficar fechadas durante muito tempo).

Agora **não me resta mais do que**[132] rir-me e dar mais uma trinca no bolo de mel de zumbina que trouxe da pastelaria. É realmente muito bom. Infelizmente, é o último.

FIM

---

1. **dono** (m, -s): owner
   O dono deste carro chama-se Filipe.
2. **pastelaria** (f, -s): pastry shop
   Nesta rua não há uma pastelaria, só há um café. Por isso, temos de ir a outro lado para comprar um bolo de aniversário.
3. **vitrine** (f, -s): shop window
   O dono da loja contratou um decorador de vitrines por causa do Natal que se aproxima.
4. **repleto de**: full of
   O livro está repleto de informações úteis.
5. **vistoso** (adj): flashy
   O vestido de noite da Joana era tão vistoso que os convidados da festa ficaram todos a olhar.

6. **mel** (m, -éis/-es): honey
   A criança ficou com as mãos pegajosas porque enfiou-as no pote de mel.
7. **uma espécie de**: a kind of
   O pastel de nata é uma espécie de bolo.
8. **abelha** (f, -s): bee
   A abelha recolheu o pólen da flor.
9. **fofo** (adj): cute
   O coelhinho bebé é tão fofo. Só me apetece dar-lhe beijinhos.
10. **picar**: to sting
    Eu piquei o dedo num espinho de rosa.
11. **aborrecer**: to bore, to annoy
    Este livro está a aborrecer-me porque é muito desinteressante.
12. **à fatia**: by the slice
    Neste restaurante, vendem pizza à fatia.
13. **tal é**: such is
    O Pedro fica no escritório sempre até à meia-noite tal é a quantidade de trabalho que tem para fazer.
14. **ponte** (f, -s): bridge
    A ponte de madeira caiu sobre o rio porque já era muito velha.
15. **invólucro** (m, -s): casing
    Eu deitei fora o invólucro das bolachas, por isso agora não sei qual é a data de validade.
16. **viscoso** (adj): viscous
    Não toques na parede porque foi pintada há pouco tempo e a tinta é muito viscosa.
17. **agarrar-se a**: to cling to
    A criança agarrou-se à mãe porque tinha vergonha.
18. **estabelecimento** (m, -s): shop
    O empresário tem cinco estabelecimentos em diferentes pontos do país.
19. **frequentado por**: frequented by
    Este bairro é frequentado por traficantes de droga.
20. **tamanha quantidade**: such amount
    Só o Pedro é que consegue levar tamanha quantidade de pratos nas mãos.
21. **caloteiro** (m, -s): bad payer
    Os caloteiros não são bem-vindos neste estabelecimento.
22. **não olhar a despesas**: to spare no expense
    O Alberto não olhou a despesas quando comprou o presente para a mulher. Ofereceu-lhe um colar de diamantes.
23. **acenar a**: to wave to
    O Papa acenou à multidão.
24. **de tranças**: with braids
    Eu não consigo andar de tranças porque não tenho o cabelo comprido o suficiente.
25. **idosa** (f, -s): elderly

A idosa tinha noventa anos, mas ganhou o concurso de dança.

26. **bengala** (f, -s): walking stick

    O carteirista tentou roubar a carteira do idoso, mas levou com a bengala na cabeça.

27. **meter a língua de fora**: to stick one's tongue out

    O cão meteu a língua de fora porque estava cheio de calor.

28. **conta** (f, -s): account

    Tenho de tratar das contas da empresa porque a minha contabilista já me pediu para fazer isso há duas semanas.

29. **gravação** (f, -ões): recording

    O locutor de rádio não gosta de ouvir a sua voz nas gravações.

30. **retrair-se**: to retract

    O gato retraiu-se por causa do frio.

31. **patrão** (m, -ões): boss

    O patrão ofereceu a todos os trabalhadores mais duas semanas de férias.

32. **cofre** (m, -s): safe box

    O banco tem um cofre no piso inferior onde está guardado o dinheiro.

33. **o bem mais precioso**: the most prized possession

    O anel era o bem mais precioso do hobbit.

34. **receita** (f, -s): recipe

    A Ana guardou todas as receitas da avó porque ela cozinhava muito bem.

35. **especular**: to speculate

    Não vale a pena estarmos a especular sobre o resultado do jogo porque ele ainda não começou.

36. **a sete chaves**: under lock and key

    A minha irmã tem as suas canetas fechadas a sete chaves porque ela não quer que mais ninguém as use.

37. **suor** (m, -es): sweat

    O atleta estava coberto de suor quando terminou a prova.

38. **palma** (f, -s): palm

    O agricultor virou a palma das mãos para cima para confirmar se estava a chover.

39. **andar à roda**: to spin around

    Eu não gosto de andar no carrossel porque fico com a cabeça a andar à roda.

40. **turbilhão** (m, -ões): whirlwind

    No turbilhão do vento, eu perdi o meu chapéu.

41. **frieza** (f, -s): coolness

    O diretor toma decisões sempre com muita frieza.

42. **reaver**: to get back

    Roubaram-me a carteira e eu sei que nunca vou reaver o dinheiro.

43. **estar preste a**: to be about to

    Não enchas mais o balão porque está prestes a rebentar.

44. **aceder** (= anuir): to say yes, to agree

O empregado pediu um aumento várias vezes, mas o chefe não acedeu.

45. **pôr em risco**: to put at risk
    Se saltares desse prédio, vais pôr a tua vida em risco.

46. **desânimo** (m, -s): discouragement
    Quando a equipa perdeu a décima vez, o desânimo entre os jogadores era palpável.

47. **óculos de fundo de garrafa**: coke-bottle glasses
    A Patrícia usava óculos de fundo de garrafa, mas agora usa lentes de contacto.

48. **audivelmente**: audibly
    O professor coçou o nariz audivelmente para desconcentrar os alunos.

49. **apressar-se**: to hurry up
    O homem apressou-se pela rua fora para conseguir apanhar o autocarro.

50. **fique sabendo que**: know that
    Fica sabendo que hoje não jogas no tablet se não fizeres os trabalhos de casa.

51. **mas, nada** (expressão): no buts
    Mas, nada! Faz o que te digo porque sou o teu pai.

52. **desagrado** (m, -s): displeasure
    O menino engoliu a sopa com um ar de desagrado.

53. **questionar-se**: to question oneself
    O filósofo questiona-se frequentemente sobre o significado da vida.

54. **peludo** (adj): furry
    O meu coelhinho de estimação é muito peludo.

55. **piscar os olhos**: to blink
    A Ana estava sempre a piscar os olhos porque tem alergia ao pólen.

56. **ensonado** (adj): sleepy
    As crianças devem dormir durante várias horas para não estarem ensonadas durante o dia.

57. **estremecer**: shudder
    O ladrão estremeceu quando ouviu a porta da casa a abrir.

58. **para todo o sempre**: forever
    Ele vai amá-la para todo o sempre.

59. **fechadura** (f, -s): lock
    A fechadura estava ferrugenta por isso já não conseguia lá enfiar a chave.

60. **farejar**: to sniff
    O cão farejou o caixote de lixo porque tinha restos de frango no interior.

61. **lágrima** (f, -s): teardrop
    Ó mar salgado, quanto do teu sal São lágrimas de Portugal! (n'Os Lusíadas)

62. **dar um espirro** (= espirrar): to sneeze
    Eu só me apercebi que o Daniel tinha um gato em casa quando comecei a espirrar.

63. **fungar**: to snuffle

O Joãozinho estava constipado, por isso passou a aula toda a fungar.

64. **acenar**: to nod

    Quando falo com o meu marido, ele só acena. Eu não sei se ele está mesmo a ouvir.

65. **testa** (f, -s): forehead

    Deixa-me ver se a tua testa está quente. Quero ver se tens febre.

66. **bicharoco** (m, -s): creature

    Dentro de um sapato encontrei um bicharoco com antenas.

67. **levar a sério**: to take seriously

    A Amanda nunca leva nada a sério. Por isso é que nenhum dos colegas gosta de trabalhar com ela.

68. **bancada** (de cozinha) (f, -s): counter

    Eu quero uma cozinha com uma bancada comprida para poder preparar vários alimentos ao mesmo tempo.

69. **queimar**: to burn

    O agricultor queimou os ramos velhos.

70. **comestível** (adj): edible

    Cuidado a apanhares cogumelos na floresta porque a maior parte não é comestível.

71. **lacrimejar**: to water (eyes)

    O fumo da fogueira fez com que todos começassem a lacrimejar.

72. **despensa** (f, -s): pantry

    A despensa está cheia de latas de feijões, massa e arroz.

73. **arrepiante** (adj): creepy

    O meu avô contou-me uma história arrepiante antes de ir dormir, por isso tive pesadelos.

74. **zumbido** (m, -s): hum

    O zumbido dos insetos na primavera é muito forte.

75. **eriçar**: to stand on end (fur, hair)

    O gato assustou-se tanto que eriçou os pelos.

76. **fazer (uma) careta(s)**: to make faces

    A Ana faz logo caretas quando vê a tigela da sopa.

77. **atabalhoadamente**: haphazardly

    Não estaciones o carro atabalhoadamente porque assim mais ninguém consegue estacionar aqui.

78. **tabuleiro** (m, -s): tray

    Eu enchi um tabuleiro de ir ao forno com bolachas.

79. **chamuscado** (adj): scorched

    O gato passou ao lado da vela acesa e ficou com a ponta da cauda chamuscada.

80. **rabiscado** (adj): scribbled

    A lista de compras estava rabiscada num papel.

81. **incandescente** (adj): incandescent

    Dez dias depois da erupção vulcânica, a lava ainda estava incandescente.

82. **quanto mais**: let alone
    Eu não sei cozer arroz, quanto mais fazer o jantar de Natal.
83. **favo** (m, -s): honeycomb
    O urso lambeu os favos de mel.
84. **apicultor** (m, -es): beekeeper
    O apicultor vestiu o seu fato e foi tratar das abelhas.
85. **praga de gafanhotos** (f, -s -): plague of locusts
    A praga de gafanhotos destruiu as plantações num dia.
86. **correr perigo de vida**: to be in mortal danger
    O Joaquim gosta de explorar grutas, mas corre muitas vezes perigo de vida.
87. **tolerar**: to tolerate
    Eu não tolero mentiras.
88. **extrair**: to extract
    O meu dentista diz-me que preciso de extrair um dente.
89. **ingrato** (adj): ungrateful
    O meu gato arranhou-me. É um ingrato!
90. **reclamar**: to complain
    A minha sogra está sempre a reclamar de tudo.
91. **arranjo** (m, -s): arrangement
    Eu tenho um arranjo com o meu vizinho. Todos os meses, ele trata-me do jardim e eu lavo-lhe o carro.
92. **benéfico** (adj): beneficial
    O sumo de laranja é benéfico para a saúde.
93. **latrina** (f, -s): latrine
    Nós fomos visitar as latrinas públicas romanas.
94. **flatulão**: um ser de Glorb
    O flatulão fechou-se na casa de banho durante duas horas porque tinha uma grande dor de barriga.
95. **queixar-se**: to complain
    O atleta está a queixar-se muito de dores nas costas.
96. **não/nunca dar em nada**: to come to nothing
    O André saiu uma vez com a Filomena, mas não deu em nada.
97. **ter o descaramento**: to have the cheek/the nerve
    O meu chefe teve o descaramento de me pedir dinheiro emprestado.
98. **amigos, amigos, negócios à parte** (expressão): business is business, friendship is friendship
    Vais pedir um orçamento ao teu melhor amigo? Não te esqueças, amigos, amigos, negócios à parte.
99. **a gota de água** (expressão): the final straw
    A Carla está sempre a criticar-me, mas quando disse que eu estava gorda, foi a gota de água. A nossa amizade terminou.
100. **amestrado** (adj): tamed
    O meu tio disse-me que já conseguiu amestrar uma pulga.
101. **ao desbarato**: at a loss, on the cheap

Quando o José precisou de dinheiro, vendeu o carro que tinha comprado há pouco tempo, ao desbarato.

102. **meu caro**: my dear

    Meu caro amigo! Como está?

103. **posto de trabalho** (m, -s -): work station

    O meu posto de trabalho foi extinto, por isso fiquei no desemprego.

104. **odiar**: to hate

    Eu odeio que me façam perder tempo. Tempo é dinheiro.

105. **esgar** (m, -es): grimace

    Quando mandei a minha filha arrumar o quarto, ela fez um esgar.

106. **bola de naftalina** (f, -s -): moth ball

    A casa da minha avó só cheira a bolas de naftalina porque ela tem os armários cheios delas.

107. **refogado** (m, -s): lightly fried onions

    Primeiro, fazes o refogado, depois juntas o tomate e os cogumelos.

108. **no encalço de**: on somebody's tail

    O polícia foi no encalço do ladrão, mas tinha comido muito ao pequeno-almoço, por isso cansou-se rapidamente e perdeu-o.

109. **apanhar gambozinos** (expressão): to go on a wild goose chase

    A minha professora pediu-me para achar um trevo de quatro folhas, mas eu não gosto nada de ir apanhar gambozinos.

110. **charlatão** (m, -ões): charlatan

    Não compres nada ao Álvaro porque ele é um charlatão e vai enganar-te.

111. **traseiras** (f, plural): the back (door)

    O gato sai sempre pelas traseiras.

112. **iguaria** (f, -s): delicacy

    Tens de provar estas uvas. São uma iguaria.

113. **estar prestes a**: to be about to

    Eu estava prestes a adormecer quando o telefone tocou.

114. **prontamente**: promptly

    O empregado de mesa entregou prontamente o menu aos clientes.

115. **petrificado** (adj): petrified

    Quando o polícia mandou parar o carro do Jorge, ele ficou petrificado porque não tinha o seguro em dia.

116. **assobiar**: to whistle

    A Ana assobiou para chamar o seu cão.

117. **encaminhar**: to guide, to direct

    O empregado encaminhou os clientes para a mesa.

118. **subestimar**: to underestimate

    A jogador de xadrez subestimou a sua competição.

119. **peito** (f, -s): chest

    O Pedro sentiu uma dor no peito e achou que estava a ter um ataque do coração.

120. **picar**: to sting

As melgas picaram-me várias vezes porque tinha uma luz ligada perto da tenda.

121. **bochecha** (f, -s): cheek

    A rapariga ficou com as bochechas rosadas.

122. **encarquilhar**: to crease, to crumple

    O livro ficou ao sol durante horas, por isso as folhas ficaram encarquilhadas.

123. **desdentado** (adj): toothless

    O bebé fez um sorriso desdentado.

124. **com sede de**: to have a craving for

    O vilão estava com sede de vingança.

125. **do costume**: usual

    Este é o meu restaurante do costume. Venho cá todos os dias.

126. **ligar**: to pay attention to

    O aluno não ligou nada ao que a professora estava a dizer. Em vez disso, estava a pensar na namorada.

127. **menosprezar**: to despise, to hold in contempt

    O João menospreza sempre as escolhas dos outros.

128. **por tua culpa**: because of you (your fault)

    Eu perdi o comboio por tua culpa porque não acordaste a tempo.

129. **ensinamento** (m, -s): teaching

    O guru escreveu um livro com os seus ensinamentos.

130. **amordaçado** (adj): gagged

    A vítima do roubo estava amordaçada e não conseguia gritar para pedir ajuda.

131. **enxame** (m, -s): swarm

    De repente, apareceu um enxame de abelhas e eu comecei a fugir.

132. **não restar mais do que**: to not be left more than

    Não resta mais ao atleta do que esperar pelos resultados finais da competição.

EXERCÍCIOS

1) Ordena as frases de 1 a 5 de acordo com a ordem dos eventos na história.

a) A menina das tranças rouba a receita e deixa o chefe dos pasteleiros fechado na despensa com um enxame de zumbinas. __

b) O dono chama o detetive Dr. Fiasco para ajudar a resolver o mistério. __

c) O dono de uma pastelaria descobre que a receita do seu bolo de mel de zumbina foi roubada. __

d) O dono e o detetive descobrem a receita a queimar no forno e o Flubi diz que cheira a favo de mel, fazendo o dono acreditar que o ladrão é o apicultor Flávio. __

e) O assistente do Dr. Fiasco deteta açúcar na porta do cofre tornando o chefe dos pasteleiros no primeiro suspeito. __

2) Preenche os espaços no resumo da história. Escolhe a opção correta de entre as opções. Faz as necessárias alterações (se for um verbo, conjuga-o).

O dono de uma pastelaria no mundo fantástico de Glorb descobre que a receita do seu bolo mais vendido (1) _____ *(ser / estar)* roubada. O bolo é feito com mel de zumbina, uma espécie de abelha que é perigosa (2) _____ *(porque / por)* ser muito agressiva. O bolo é (3) _____ *(tanto / tão)* especial que só é vendido (4) _____ *(por / à)* fatia e tem até uma caixa de transporte própria.

Quando o dono da pastelaria descobre o roubo, só há dois clientes no estabelecimento, uma idosa e uma menina de tranças. Ele decide chamar um detetive chamado Dr. Fiasco. Como tem de esperar várias horas (5) _____ *(por / para)* ele, decide verificar as gravações das câmaras de vigilância, mas descobre que (6) _____ *(ser desligado / ter desligado)* antes do roubo.

Quando o detetive chega, pede para ser levado até ao cofre onde era guardada a receita. Com a ajuda de uma pequena criatura peluda chamada Flubi que tem (7) _____ *(um cheiro / um faro)* muito bom, é identificado o cheiro de açúcar na fechadura do cofre.

O dono da pastelaria informa que só o chefe dos pasteleiros (8) _____ *(ter acesso a / não ter permissão para aceder a)* receita e a açúcar e decide ir até à cozinha para falar com ele.

O chefe dos pasteleiros não está na cozinha, mas o dono repara que há algo a queimar no forno e que está algo fechado na despensa a fazer um ruído estranho. O Flubi avisa que é melhor não abrir a porta de despensa porque (9) _____ *(pressentir / despir)* algo mau.

Dentro do forno descobrem o resto da receita a queimar e o dono da pastelaria informa que não tem outra cópia guardada. O Flubi (10) _____ (estragar / detetar) o cheiro de favo de mel de zumbina no tabuleiro onde está a queimar a receita.

O dono da pastelaria lembra-se do apicultor Flávio a quem comprava o mel, e a quem pagava (11) _____ (mau / mal). Por essa razão, o Flávio estava sempre a querer começar negócios paralelos, mas não eram bem sucedidos. Até tinha tentado criar um circo de zumbinas (12) _____ (amestradas / tratadas). A sua mulher, (13) _____ (cheia de / farta de) o aturar, tinha-o posto fora de casa e ele tinha ficado longe da filha, entrando numa espiral descendente.

O dono da pastelaria acredita que o Flávio é o ladrão da receita. (14) _____ (o facto de / apesar de) poder ser ele a fazer o bolo de mel de zumbina e fazer mais dinheiro, é motivo suficiente. O Dr. Fiasco acredita que o ladrão é o chefe dos pasteleiros e decide ir fazer (15) _____ (uma pesquisa / uma busca) à sua casa.

O dono da pastelaria decide abrir a porta da despensa, acreditando que (16) _____ (a solução / a decisão) para o mistério está no seu interior.

No fim, descobre-se que o ladrão da receita é a menina de tranças que estava inicialmente na pastelaria. Ela é a filha do apicultor Flávio, e ela culpa o dono da pastelaria pelo declínio da vida do pai. Por essa razão, quer (17) _____ (traição / vingança).

O pai tinha-a ensinado a amestrar zumbinas e ela usou-as para entrar na pastelaria e (18) _____ (ameaçar / salvar) o chefe dos pasteleiros, (19) _____ -o (dissuadir / convencer) a abrir o cofre onde estava guardada a receita. Depois de colocar a receita a queimar no forno, deixou o chefe dos pasteleiros preso dentro da despensa com um enxame de zumbinas prontas a atacar quem lá (20) _____ *(sair / entrar)*.

SOLUÇÕES

1)

1. (c) / 2. (b) / 3. (e) / 4. (d) / 5. (a)

2)

1. foi (ser)
2. por
3. tão
4. à
5. por
6. foram desligadas (ser desligado)
7. um faro
8. tem acesso à (ter acesso a)
9. pressente (pressentir)
10. deteta (detetar)
11. mal
12. amestradas
13. farta de
14. o facto de

15. uma busca
16. a solução
17. vingança
18. ameaçar
19. convencendo (convencer)
20. entrasse (entrar)

HISTÓRIA 10

NAS ESCADAS

Por estas **escadas**[1] viste já subir pequenos pés **enlameados**[2] depois da chuva, pés inexperientes **aos tropeções**[3] depois do vinho especial, **bicos de pés**[4] na primeira noite juntos, pés irritados **desgastando**[5] o **tapete**[6] como palavras **cruas**[7], sem **sal**[8].

Ajudaste a encontrar o caminho nas horas **escuras**[9]. **Calado**[10], apanhaste objetos perdidos ao longo das marcas do passado.

Várias vezes, a tua mão **amparou**[11] uma das crianças; um **ombro**[12] lançado em direção ao chão; as **lágrimas**[13] dos domingos de confusão.

Por estas escadas desceste também tu, determinado a não voltar, de mala na mão, de mão nas **cicatrizes**[14] do **corrimão**[15].

Mas como em tantos outros dias decidiste ficar **por falta de**[16] outro **sítio**[17] para **assombrar**[18].

FIM

1. **escadas** (f, pl): stairs
   Não subas as escadas muito rápido porque podes cair.
2. **enlameado** (adj): muddy
   Depois da chuva, a estrada ficou enlameada por causa da terra.
3. **aos tropeções**: stumbling
   Depois de beber uma garrafa de vinho tinto, o José foi para casa aos tropeções.
4. **bicos de pés** (m, pl): tiptoes
   Durante a noite, a Bela foi em bicos de pés tirar uma fatia de bolo do frigorífico.
5. **desgastar**: to wear out
   A zona dos cotovelos no casaco desgasta-se muito depressa porque os cotovelos estão muitas vezes em cima de mesas e secretárias.
6. **tapete** (m, -s): carpet
   Eu decidi tirar os tapetes de casa porque sou alérgica ao pó.
7. **cru** (adj): raw
   Eu não gosto de carne crua, prefiro comer carne bem cozinhada.
8. **sal** (m,- ais): salt
   Não ponhas muito sal na comida porque tens a tensão arterial alta.
9. **escuro** (m, -s): dark
   Vou acender a luz porque está muito escuro na sala.
10. **calado** (adj): silent, quiet
    O Pedrinho tem boas notas nos testes, mas está sempre calado nas aulas.
11. **amparar**: to support, to catch
    O chão coberto de folhas amparou a queda do passarinho.
12. **ombro** (m, -s): shoulder
    A Amélia tem um vestido em que fica com os ombros de fora.
13. **lágrima** (f, -s): tear
    O público riu-se tanto das piadas do comediante, que muitas pessoas tinham lágrimas a escorrer pela cara.
14. **cicatriz** (f, -es): scar
    Eu tenho uma cicatriz na perna de quando caí da bicicleta quanto era pequeno.
15. **corrimão** (m, -ões): banister, handrail
    Os alunos estão proibidos de descer as escadas pelo corrimão.
16. **por falta de**: for lack of
    A assembleia geral foi adiada por falta de participantes.
17. **sítio** (m, -s): place
    Eu conheço um sítio muito giro para irmos passear no fim de semana.
18. **assombrar**: haunt
    Os antepassados da família assombram o palácio. Ouvem-se muitos barulhos à noite, incluindo portas a bater.

EXERCÍCIOS

1) Ordena as frases de 1 a 5 de acordo com a ordem dos eventos na história.

a) O fantasma impediu que crianças caíssem nas escadas. __

b) O fantasma decidiu sempre ficar a assombrar a mesma casa. __

c) O fantasma decidiu muitas vezes ir-se embora. __

d) O fantasma apanhou objetos caídos nas escadas. __

e) O fantasma observou vários eventos da vida da família que vive na casa. __

2) Preenche os espaços no resumo da história. Escolhe a opção correta de entre as opções. Faz as necessárias alterações (se for um verbo, conjuga-o).

As escadas de uma casa são assombradas por um (1) _____ *(fantasma / monstro)*. Ele já lá vive (2) _____ *(desde / há)* muito tempo e por isso (3) _____ *(poder / permitir)* ver a evolução da família que (4) _____ *(habitar / viver)* a casa (5) _____ *(por entre os / ao longo dos)* anos.

Observou as ocasiões felizes e as discussões, e (6) _____ *(chegar mesmo a / nunca conseguir)* ajudá-los algumas vezes a descer as escadas quando estava escuro, apanhando objetos caídos e (7) _____ *(evitar / esperar)* que crianças (8) _____ *(descer / cair)* nas escadas.

O fantasma decidiu várias vezes deixar aquele lugar e ir para outro lado, mas (9) _____ *(acabar sempre por / começar sempre por)* ficar por não ter outro lugar para assombrar.

SOLUÇÕES

1)

1. (e) / 2. (d) / 3. (a) / 4. (c) / 5. (b)

2)

1. fantasma
2. há
3. pode / pôde (poder)
4. habita (habitar)
5. ao longo dos
6. chegou mesmo a (chegar mesmo a)
7. evitando (evitar)
8. caíssem (cair)
9. acabou sempre por (acabar sempre por)

ÁUDIO

Faz o download do áudio:
https://storyglot.com/short-b2/

SOBRE A AUTORA

Susana Morais é a criadora do Storyglot e da Portuguese Lab Academy.

Storyglot

O site Storyglot oferece histórias para aprendentes de português europeu como língua estrangeira.

Portuguese Lab Academy

A Academy é uma plataforma online onde podes aprender português europeu do conforto da tua casa. Oferece um programa que te leva do nível iniciante (A1) até ao nível intermédio (B2) através de vídeo, áudio e exercícios interativos que podes aceder quando quiseres, de modo a poderes usar a língua com confiança em Portugal.

Descobre mais em:
www.storyglot.com
www.portugueselabacademy.com

Made in the USA
Columbia, SC
16 February 2024

31848296R00100